헨리 M. 브루엔
선교 편지

내한선교사편지번역총서 **18**

헨리 M. 브루엔 선교 편지

헨리 M. 브루엔 지음
이규황 옮김

Home, Sept. 1, 1936

My dear Nain and Fred,

We have prayed daily for some word from you and have chased the mail man for some months past — as we had had no word since your letter saying you were going to P.B. We however heard thru' your uncle Ed and uncle Mon that they had heard from you in Dakota during a terrific heat wave. Yesterday we received yours written on S.S. en route P.B. and were so thankful to know all about you. Mighty sorry for your accident but with all of your strenuousity it's no wonder. Be mighty careful hereafter as a recurrence may be expected if not very careful. I don't know where to begin. We had a lovely summer at Orai. Everyone said mighty nice things about Brother. Mrs. Underwood said "he'd better cut off those dark eye lashes else some girl would snitch them" etc. He trebles his weight 6-19 lbs in 6 months. Is a great joy to us. We planned to go to Sari- from R.R. station the 11.25 Rwy. express direct Taiku 840 Rwy. Same day. Our auto was late this a.m. getting up at 4 a.m. to make it so failed to reach Taiyu. The train we planned to catch was the latest that got thru'. We spent 4 hrs in

Seoul, 13 in Taiken, 7 in Kinshu & 6 at the next station - making One day & 2 nights on the way Seoul Taiku. The train had been off for a month and the water was over all the face of the earth - so to speak. We invited an Englishwoman wife & 3 kids to stop over with us as they could not get thru directly to Fusan. They were nice people & seemed to appreciate it very much. They stayed with us over Sunday when the direct route to Fusan was again opened. On Tues - Yesterday - our furlough folks returned and we are a full station for the first time in years. Miss Pollard, the Adams, Mrs. Lloyd Henderson & family, the Chamness are due shortly. Miss Pollard took a friend along to teach the kids. The Adams are here with us - & are all fine. Jack A., Dick H., Betty, Ann & Dorothy H. (Lloyd's) & Mrs. L. Henderson are taking the night train. We've had terrible floods & it's been raining hard yesterday & today so I'm anxious till we hear of their safe arrival. The Crothers, Miss McKenzie (all just back) & the G. Adams all left here Tues. night at 5 A.M. for Andong via auto. It was a wild thing to do. The Fletcher's furlough is due now but they may wait over a year or may go anytime - They both need it. They just took Loubs at Sorai - no vacation last year. The Cooks & Legates were ordered by their consuls out of Sin Pin & can't go back. The new Board missionaries Bruce Hunt, Dr. Byram & 3 others may take Manchuria as their work. Mel is bringing a tent truck & may get a V.P. & trays for helping in tent evangelism.

-3-

Write soon for it's no telling when we will get word I suppose. I wish you could radio say to Seattle or to Skagway & get word out that way. I should think with the gov't represented there. You could make up some way to get word out to somebody who could pass it on to us. We think of you as in your new post and innumerable questions await answer. Sue Adams says Mrs. J.E.G. spoke most kindly of what a dear Fred's mother was. I'm so glad you had that visit. How much to suffer. God bless our dear Pioneer Bruens — Devotedly your
           Father & C & C.

Here comes Brother Bruce & his Eskimo-ish? brother and sister. Isn't he a darling ted — We just sit and wonder at the miracle. Don't you think so? The storm & rain has done untold damage in the last 10 days, especially the one starting Aug 29, whose day you left Seoul for S.K. Hundreds — thousands have lost their lives & many more their homes & crops & fields. Our guests have gone. Fred & Sue have gone to their own home — tomorrow I go to a country ch. — take a Dr. Thompson whose daughter is the school teacher here with me. Sleeping low.

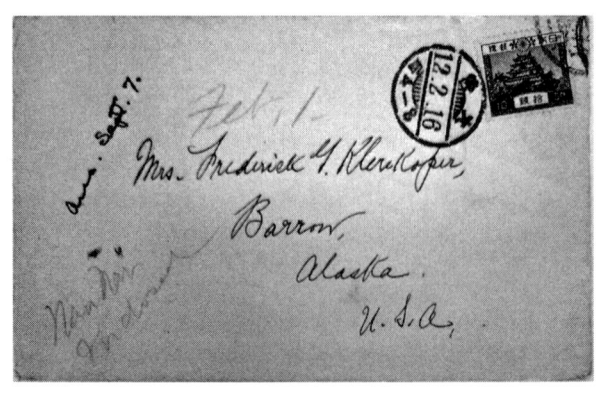

1937년 2월 1일 자 편지 봉투 원본(대구근대역사관 소장)
소인(消印)은 소화(昭和) 12년으로 표기됨.

1937년 2월 1일 자 편지 원본(대구근대역사관 소장)

1937년 2월 1일 자 편지 봉투 원본(대구근대역사관 소장)

1937년 2월 1일 자 편지 원본(대구근대역사관 소장)

W. L. SWALLEN
PYENGYANG, KOREA
April 4, 1938

Dear Mr. Bruen;

Under other cover I am inclosing and mailing to you a few copies of my Bible Correspondence Course, one for you, and also two which you will please kindly hand to such who may be inclined to push a bit more enthusiastically if they may see the Course in English.

I have just sent a letter and a few copies to your Daughter and Son-in law at Point Barrow, Alaska. You remember I spoke to you about doing that when we were at Sorai. If they can use the English among their people it would would seem they might be glad to use the Course there and that it would be as practical there as it is here.

If you should be writing them soon, it might be well if you would make mention about what the Course is doing for your people in your territory.

If they do not have facilities for cheap printing, I can mail them copies by the hundred in bulk at five cents a copy and they would this system very easy to operate. A good way to start people to become Bible lovers and readers.

We trust your country work is being greatly blest and that the Koreans christians are giving themselves much to prayer at this time. Our beloved Korean church is being sorely tested these days. Will it stand the test? We believe that it will, are assured they will if they know the Lord. But it may be necessary that the Lord do some sifting in order that the truth may be brought out so as to shine the brighter. I think what we need now more than anything else is a heaven sent revival that will stir the whole Korea.

The churches are in some places giving themselves much to prayer, I wish we might have a concerted hour fixed for the whole Korea to pray. A fixed hour every day for prayer, What glory that would bring to God! He would hear and answer, and we should very soon a gloriously revival which is so much needed.

Mrs. Swallen joins me in best wishes and prayers for you and yours.

Very Sincerely

W. L. Swallen

1938년 4월 4일 자 편지 원본(대구근대역사관 소장)

역자 서문

　　브루엔 선교사님은 미국 북장로교의 파송을 받아 1899년 10월 26일부터 1941년 9월 20일까지 약 42년 동안 대구·경북 지역의 복음화와 근대화에 헌신하신 분입니다. 브루엔 선교사님은 영남 지역에 56개 교회를 설립하셨고, 지역을 순회하며 교회들이 성경의 가르침을 따라 성장하도록 꾸준히 돌보셨습니다. 또한, 사회에서 격리된 애락원의 한센인들과 함께 예배를 드리며, 그들에게 교육의 기회를 제공하는 등 차별 없는 사랑을 실천하셨습니다. 이뿐 아니라, 입국 당시 야구 장비를 직접 가져와 한국에 야구를 처음으로 소개한 분이기도 합니다.[1] 이처럼 대구·경북의 기독교 확장과 문화적 발전의 바탕에는 브루엔 선교사님의 열정과 사랑이 담겨 있습니다.

　　본서는 브루엔 선교사님과 관련된 서신의 우리말 번역본입니다. 이것은 한국연구재단 인문사회연구소지원사업의 일환으로 연세대학교 신과대학 부설 한국기독교문화연구소가 수행하고 있는

---

[1] 일반적으로 한국 야구의 시작은 필립 질레트(Philip Loring Gillett) 선교사가 숭실학교 학생들에게 야구를 가르치기 시작한 1902년으로 알려져 있다. 그러나 브루엔 선교사가 1899년 내한할 당시 그의 이삿짐 속에 이미 야구 장비가 포함되어 있었으며, 1900년부터 대구에서 소년야구단을 조직하고 야구를 가르치기 시작한 기록이 있다. 이러한 점을 고려할 때, 한국 야구의 도입 시점을 1900년으로 보는 것이 타당하다. Henry M. Bruen, *40 years in Korea* (서울: 한국기독교역사연구소, 1998), 46.

"내한 선교사 편지(1880~1942) 디지털 아카이브 구축"의 연구 성과이기도 합니다. 이 번역은 미국 북장로교 선교보고서에 수록된 브루엔 선교사님의 서신 일부와 현재 대구근대역사관이 소장하고 있는 자료를 저본(底本)으로 삼고 있습니다. 특별히 대구근대역사관의 소장 자료는 국내 최초로 공개된 것입니다. 원문의 촬영과 전사를 허락해 주신 대구근대역사관 신형석 관장님을 비롯한 담당 직원 분께 감사의 말씀을 드립니다. 자료 수집과 정리를 위해 애써주신 윤현숙 박사님께도 감사의 말씀을 전합니다.

본서의 구성과 출판을 위해 아낌없는 조언을 해주신 연세대학교 국어국문학과 허경진 교수님께 깊이 감사드립니다. 또한, 제 학문적 여정에 큰 도움과 영감을 주신 연세대학교 신과대학 김상근 교수님께 감사의 마음을 전합니다. 저에게 과분한 기회를 베풀어 주시고, 따뜻한 격려와 아낌없는 지원을 보내주신 홍국평 교수님께 감사드립니다. 한결같은 지지로 늘 응원해 주시는 김동혁 교수님께도 진심으로 감사드립니다. 그리고 출판에 많은 조언을 주신 김종우 박사님, 연세대학교 연합신학대학원에서 함께 수학(修學)하고 있는 박종철 선생님께 진심으로 감사드립니다. 해제와 원문을 꼼꼼히 읽고 조언해 준 이나은 학우, 부족한 원고를 정리하시느라 애써주신 보고사 이순민 선생님께도 고마운 마음을 전합니다. 학업에 집중할 수 있도록 배려해주신 산성교회 김성철 목사님과 교우분들께도 감사드립니다. 마지막으로 오랜 투병을 이겨낸 제 아내에게 심심한 위로와 감사를 전합니다. 편집과 번역 과정에서 생긴 오류는 모두 역자인 저에게 있습니다.

브루엔 선교사님의 업적에 비해, 선교사님을 중심으로 한 체계적인 연구는 여전히 미흡한 실정입니다. 현재까지 브루엔 선교사님을 주제로 작성된 석·박사 논문이나 학술지 논문은 발견되지 않았으며, 클라라 헤드버그 브루엔이 남편의 유고와 여러 자료를 편집한 *40 Years in Korea*를 계명대학교 김중순 교수님께서 번역 후 출간한 것이 브루엔 선교사님에 대한 유일한 단행본 입니다.[2] 따라서 본 번역본은 기존 자료를 보완하는 귀중한 사료적 가치를 지닙니다. 특히, 브루엔 여사가 남편의 유고집을 편집하는 과정에서 브루엔 선교사님의 기록과 자신의 해석이 뒤섞인 부분이 많기 때문에, 1차 자료인 본 번역서는 당시 한국 사회와 브루엔 선교사님의 삶을 보다 직접적으로 이해하는 데 중요한 기록이 됩니다. 왜냐하면, 이러한 사료는 독자가 역사적 사실을 더욱 명확하게 이해하는 데 도움을 주기 때문입니다.

앞으로 본 번역서가 대구·경북 지역을 위해 헌신한 브루엔 선교사님의 목회와 신학을 이해하는 데 귀중한 자료로 활용되기를 바랍니다. 또한, 이를 계기로 대구·경북 지역의 선교 역사에 대한 보다 체계적이고 전문적인 연구가 지속적으로 이루어지길 기대합니다.

2025년 1월 11일
옮긴이 이규황

---

[2] 클라라 헤드버그 브루엔, 「아, 대구! 브루엔 선교사의 한국생활 40년. 제1권」, 김중순 옮김(대구: 평화당출판사, 2013); 클라라 헤드버그 브루엔, 「100년 은혜, 세상과 나누리!: 브루엔 선교사의 한국생활 40년. 제2-5권」, 김중순 옮김(서울: 기독교문사, 2015).

차례

역자 서문 · 11
일러두기 · 17
해제 · 19

◇ 번역문 · 33

1920년 2월 9일 ············ 35	1936년 9월 30일 ············ 80
1925년 7월 13일 ············ 39	1936년 10월 13일 ············ 83
1926년 10월 30일 ············ 42	1936년 10월 25일 ············ 85
1927년 6월 16일 ············ 46	1936년 11월 28일 ············ 89
1927년 ············ 49	1936년 12월 6일 ············ 91
1928년 ············ 52	1937년 2월 1일 ············ 94
1935년 10월 19일 ············ 55	1937년 2월 7일 ············ 96
1935년 12월 16일 ············ 57	1937년 3월 16일 ············ 98
1936년 1월 17일 ············ 59	1937년 5월 16일 ············ 102
1936년 2월 3일 ············ 61	1937년 12월 19일 ············ 105
1936년 2월 20일 ············ 63	1938년 1월 28일 ············ 109
1936년 2월 21일 ············ 67	1938년 2월 19일 ············ 111
1936년 3월 7일 ············ 70	1938년 2월 28일 ············ 113
1936년 3월 16일 ············ 72	1938년 3월 10일 ············ 115
1936년 9월 1일 ············ 74	1938년 4월 4일 ············ 117
1936년 9월 21일 ············ 77	1938년 5월 5일 ············ 119

1938년 10월 21일 ·········· **122**
1939년 5월 5일 ············ **126**
크리스마스 저녁 ············ **128**

12월 26일 ················· **130**
작성일 미상 ··············· **132**

◇ 원문 · 133

Feb 9, 1920. ············· **135**
Jul 13, 1925. ············ **138**
Oct 30, 1926. ············ **141**
Jun 16, 1927. ············ **144**
1927 ···················· **146**
1928 ···················· **148**
Oct 19, 1935. ············ **150**
Dec 16, 1935. ············ **152**
Jan 17, 1936. ············ **154**
Feb 3, 1936. ············· **156**
Feb 20, 1936. ············ **157**
Feb 21, 1936. ············ **160**
Mar 7, 1936. ············· **163**
Mar 16, 1936. ············ **165**
Sep 1, 1936. ············· **166**
Sept 21, 1936. ··········· **169**
Sep 30, 1936. ············ **172**
Oct 13, 1936. ············ **175**
Oct 25, 1936. ············ **176**

Nov 28, 1936. ············ **180**
Dec 6, 1936. ············· **182**
Feb 1, 1937. ············· **185**
Feb 7, 1937. ············· **187**
Mar 16, 1937. ············ **189**
May 16, 1937. ············ **193**
Dec 19, 1937. ············ **196**
Jan 28, 1938. ············ **200**
Feb 19, 1938. ············ **201**
Feb 28, 1938. ············ **203**
Mar 10, 1938. ············ **205**
Apr 4, 1938. ············· **207**
May 5, 1938. ············· **209**
Oct 21, 1938. ············ **212**
May 5, 1939. ············· **216**
Christmas night. ········· **218**
Dec, 26. ················· **220**
Undated ················· **222**

◇ 브루엔 연보(1874~1959) · 223

일러두기

1. 『미국 북장로교 해외선교부 한국선교 관련 보고서 1911-1954』와 대구근대역사관 소장 선교사 편지(소장품번호: 대구근대 406)를 저본으로 번역하였다.
2. 번역문, 원문 순서로 수록하였다.
3. 원문에서 식별하기 어려운 단어는 대괄호 안에 표기하거나 [판독불가], [illegible]로 대신하였다.
4. 화폐 단위와 금액은 원문에 기록된 영문 그대로 표기하였다.
5. 거리를 나타내는 단위는 킬로미터(km)로 환산하여 표기하였다.
6. 무게나 질량을 나타내는 단위는 킬로그램(kg)으로 환산하여 표기하였다.
7. 성경 구절을 인용한 경우에는 개역개정판을 기준으로 하였다.
8. 번역문의 뜻을 분명히 밝히기 위해 원문에는 없는 한자를 병기하였다.
9. 본문에 달린 각주는 모두 역자주이다.
10. 'Korea(Corea)'의 번역은 1897년 대한제국 선포를 기준으로 '조선'과 '한국'으로 번역하되, 기준과는 별도로 문맥상 '조선'으로 번역하는 것이 더 자연스러워 보이는 경우 '조선'으로 번역하였다.

해제

1. 자료 소개

본서에 수록된 서신은 두 가지 주요 저본(底本)을 바탕으로 구성되었다. 첫 번째 저본은 *Presbyterian Church in the U.S.A. Board of Foreign Missions Korea Mission Reports 1911~1954*로, 이는 미국 북장로교 출신 선교사들이 한국 선교 현장에서 본국으로 보낸 서신과 이에 대한 답장을 포함한 보고서이다. 이 보고서는 당시 선교사들의 구체적인 활동 상황을 담고 있을 뿐 아니라, 한국 교회의 성장과 변화, 교육 및 의료 사업 등 다양한 주제를 다루고 있다. 한국기독교역사연구소는 미국 필라델피아 장로교 사료관에 보관된 이 보고서를 『미국 북장로교 해외선교부 한국선교 보고서 (1911~1945)』라는 제목의 영인본으로 출간하였다. 본서 첫 번째 서신(1920년 2월 9일)부터 여섯 번째 서신(1928년)은 위 영인본에서 발췌한 것으로 주로 1920년대의 기록물이다. 두 번째 저본은 대구근대역사관 소장 자료이다. 대구근대역사관은 대구 근대화 시기의 역사와 문화를 보존하기 위해 설립된 근대문화유산으로 브루엔 선교사의 시신을 포함한 여러 유물을 소장하고 있다. 본서의 일곱 번째 서신(1935년 10월 19일)부터 마지막 서신은 대구근대역사관에 보존된 자료를 제공받아 번역한 것이다. 두 번째 저본은 브루엔 선교사의 사역 후반부에 해당하는 서신으로 주로 1935년부터 1939년의 사이의 기록물이다.

2. 편지의 저자

헨리 M. 브루엔(Henry Munro Bruen, 한국명 부해리(傅海利))은 미국 북장로회 소속 선교사로, 1899년 9월 29일에 내한하여 1941년 9월 20일 영구 귀국할 때까지 약 42년간 대구·경북 지역에서 활동하였다. 브루엔은 대구·경북 지역의 근대화와 목회, 교육, 의료 등 다방면에 걸쳐 깊은 영향을 미쳤다. 또한 학계에는 널리 알려지지 않았지만, 브루엔은 한국에 야구를 처음 소개하고 보급한 인물이다.

1) 한국에 선교를 오기까지

브루엔은 1874년 미국 뉴저지주 벨베데레에서 제임스 D. 브루엔(James DeHart Bruen)과 마가렛 먼로(Margaret Munro)의 둘째 아들로 태어났다. 브루엔 가문은 신앙적 전통이 깊은 집안으로, 그의 조부 맥워터 브루엔(James McWhorter Bruen)은 뉴욕주 뉴윈저(New Windsor)에서 목회하였다. 그의 아버지 역시 뉴저지주 서밋(Summit)에 위치한 중앙장로교회의 초대 목사로 사역하였다. 브루엔은 12세에 어머니를 여의고, 성경학자이자 주일학교 교사로 활동하던 할머니 안나 밀러 브루엔의 돌봄 아래 자랐다.

이러한 배경에서 성장한 브루엔은 장로교 계열의 기숙학교인 블레어홀아카데미(Blair Hall Academy)에서 중·고등학교 과정을 마친 후 라파예트 대학(Lafayeffe College)에 진학하였다. 대학 2학년 시절, 무디 목사가 주도한 학생자원운동(Student Volunteer Movement, SVM)에 참여하면서 선교사가 되기로 결심하였다. 이 시기 그는 도시선교와 거리전도에 적극적으로 참여하면서 선교 경험을 쌓았다. 브루엔은 1896년 프린스턴 대학을 졸업하고 뉴욕 유니온 신학교에 입학하여 신학 교육을 받았다.

1899년 5월, 브루엔은 미국북장로회 뉴튼(Newton)노회에서 목사 안수를 받았다. 안수를 받기 전부터 선교사의 소명을 품고 있던 브루엔은 스페인어가 동양어보다 학습하기 쉬울 것이라는 생각에 쿠바 선교를 희망했지만, 노회의 허락을 받지 못했다. 예상치 못한 상황에 직면한 브루엔은 아버지의 친구 아들이 한국에서 의료선교사로 활동 중이라는 소식을 접하게 된다. 그는 미국 북장로교의 파송을 받은 대구의 첫 서양 의사인 존슨 박사(Woodbridge Odlin Johnson, 한국명 장인차(張仁車))였다. 브루엔은 존슨 박사에게 한국의 선교 상황을 문의하는 서신을 보냈다. 당시 대구선교부는 미국 북장로교 출신의 아담스(J. E. Adams) 선교사와 존슨 박사 두 사람에 의해 운영되고 있었다. 대구 선교 초기에는 인력과 자원이 부족했기 때문에 새로운 사역자의 충원이 절실한 필요한 상황이었다. 이에 존슨 박사는 대구에서 함께 일할 젊은 사역자가 필요하다는 뜻을 전하며 브루엔의 결단을 요청했다. 브루엔은 이를 계기로 노회에 자신을 한국 선교사로 파송해 줄 것을 요청하였고, 노회는 이를 승인하였다. 미북장로교의 한국 선교사로 임명받은 브루엔은 제물포를 경유하여 1899년 9월 29일 서울에 도착하였고, 같은 해

10월 26일 대구에 정착하였다.

2) 한국에서의 선교 활동

한국 선교 초기, 서구에서 유입된 다양한 교파들이 각 지역에 진출하면서 선교부 간 자원의 중복과 갈등이 빈번하게 발생하였다. 이를 해결하고 선교의 효율성을 제고하기 위해, 선교사들은 선교지 분할협정을 체결하였다. 이 협정에 따라 미국 북장로회는 경북지역을 담당하게 되었으며, 브루엔은 경북 서부 지역의 선교를 맡았다. 그는 김천, 선산, 군위, 고령, 성주, 상주, 칠곡 등 여러 지역을 순회하며 선교 활동을 펼쳤다. 이러한 활동을 통해 브루엔은 대구·경북 지역에 총 56개 교회를 개척하며 복음화에 큰 기여를 했다.

브루엔이 설립한 교회를 지역별로 살펴보면, 김천 지역 21개, 선산 지역 10개, 달성 지역 7개, 칠곡 지역 5개, 상주 지역 5개, 성수 지역 3개, 고령 지역 3개, 군위 지역 1개이다. 브루엔은 자신이 개척한 영천 대창교회와 김천 송천교회에서 담임목사로 사역했으며, 1913년과 1914년에는 경상노회 제 7, 8회 노회장을 역임하였다. 또한, 1915년 남성정교회(현 대구제일교회)에서 분립하여 남산교회(현 대구남산교회)를 개척하였다.

브루엔의 활동은 교회 개척과 목회에 국한되지 않고, 의료 선교로도 확장되었다. 1911년부터 그는 의료 선교사 어빈(C. H. Irvin), 빈턴(C. C. Vinton) 등과 함께 한센인 선교위원으로 활동했으며, 존슨 박사와 협력하여 대구동산병원의 운영을 담당하였다. 특히, 브루엔은 대구동산병원 근처에 한센인 요양소 부지를 확보하여, 약 100명의 환자를 수용할 수 있는 요양원과 진료실, 예배당을 건축하였다. 브루엔은 요양소에서 한센인들과 함께 예배드리고, 성찬식과 세례 교육을 실시하였다. 이는 단순한 의료적 지원을 넘어, 당시 심각한 사회적 편견 속에 살던 한센인들에게 인간적 존엄성과 영적 위로를 제공하고자 한 그의 헌신적 노력을 보여준다.

브루엔은 청년 계몽과 선교에도 깊은 열정을 보였다. 그는 대구지역에서 YMCA 설립과 전용 건물의 필요성을 일찍이 주장하였으며, 그 결과 1914년에 교남YMCA회관이 건축되었다.[1] 이듬해에는 브루엔을 비롯한 선교사들과 한국인 기독교 지도자들이 함께 "교남기독교청년회"를 조직하였다. 교남 YMCA는 단순히 청년 계몽에 그치지 않고, 민족정신을 바탕으로 다양한 사회 개혁 및 독립운동에 참여하며 중요한 역할을 수행하였다. 3·1운동, 물산장려운동, 기독교 농촌운동, 신간회 운동 등은 교남 YMCA의 대표적인 활동으로, 이는 한국 사회의 근대화와 민족 독립을 위한 기독교의 공헌을 보여주는 사례로 평가된다. 특히 교남 YMCA의 주요 임원과 회원 중 이만집, 김태련 등 17명은 3·1운동과 각종 독립운동에 참여한 공로를 인정받아 서훈을 받았다. 이는 브루엔과 교남 YMCA가 단순한 종교적 활동을 넘어, 한국 사회의 정치적, 사회적 변화에 직접적으로 기여했음을 보여주는 중요한 사례이다.

---

[1] 교남(嶠南)의 뜻은 '험준한 산이 많은 남쪽지역'으로 당시 '영남(嶺南)'의 다른 표현이다.

이외에도 브루엔은 대구성경학교 교장, 경북 선교사 대표, 계성학교 임시 교장, 한국 선교부 실행위원, 그리고 세브란스병원 이사로도 활발히 활동하였다. 이러한 활동은 그의 사역이 단순히 종교적 영역에 머물지 않고, 한국 사회의 근대적 전환과 발전에 기여했음을 보여준다.

태평양전쟁 직전 미일 관계가 악화되면서, 일제는 외국인 선교사들에게 강제 퇴거 명령을 내렸다. 이에 따라 브루엔은 1941년 9월 20일, 약 42년간의 헌신적인 한국 선교 사역을 마무리하고 본국으로 돌아가야 했다. 귀국 후 브루엔은 캘리포니아주 산타크루즈에 정착하였다. 그는 본국에서도 주거지 인근 한인 교회를 순회하며 한국 교회에 대한 지속적인 연대를 이어갔다. 브루엔은 1959년 3월, 85세의 나이로 산타크루즈에서 별세하였으며, 뉴욕 웨스트체스터 카운티(Westchester County)에 위치한 존제이(John Jay) 공원묘지에 안장되었다.

3) 브루엔의 가족

브루엔은 한국에 입국하기 전, 중고등학교 동창이자 선교사 지망생이었던 마사 스콧(Martha Depui Scott)과 약혼하였다. 한국 선교 상황에 대한 존슨 박사의 편지를 받은 브루엔은 지체할 여유가 없었기 때문에 홀로 한국에 입국하여 선교 사역을 시작하였다. 1902년 2월 14일, 브루엔은 미국으로 돌아가 펜실베이니아 뷰헤이븐에서 마사와 결혼식을 올렸다. 이후 신혼여행을 마치고 1902년 5월 10일, 브루엔과 마사는 함께 내한하여 대구에서 부부 선교사로 사역을 이어갔다.

　마사 브루엔은 대구 지역의 어린 소녀들에게 바느질과 영어를 가르치며 여성 교육의 기틀을 마련하였다. 이러한 소규모 모임이 점차 확대되어, 1907년 대구·경북 최초의 여성 교육기관인 신명여자소학교(현 대구종로초등학교)로 발전하였다. 본래 신명여자소학교는 마사 브루엔이 개인적으로 운영하였으나, 점차 학생 수가 증가하고 규모가 커지면서 보다 체계적인 운영이 필요해졌다. 이에 따라 학교 운영권이 미국 북장로회로 이관되었다. 마사 브루엔은 농촌교회 여전도회를 조직하여 여성들을 위한 사경회를 개최하며 신앙 교육과 여성 계몽에도 헌신하였다. 그녀는 경북여전도회연합회 조직과 운영에 참여하여, 여성의 신앙적·사회적 역할을 확대하기 위해 노력하였다. 그러나 1930년 9월, 마사 브루엔은 유방암 진단을 받고 세브란스병원에서 수술을 받았으나 10월 20일 별세하였다.

　브루엔은 1934년 9월 4일, 대구동산병원에서 간호선교사로 근무하던 클라라 마틸다 헤드버그(Clara Matilda Hedberg)와 재혼하였다. 클라라는 고등학교 시절부터 선교사가 되기로 결심하였고, 오하이오주 영스타운 간호학교를 졸업한 후 필리핀에서 선교 활동을 시작하였다. 이후 대구동산기독병원에서 근무하던 플래처(A. G. Flecher) 원장이 미국 장로회 소식지에 게재한 간호선교사 파송 요청 기사를 접하게 되었고, 이를 계기로 1923년 12월 19일에 내한하여 대구에서 선교 활동을 이어 나갔다.

　클라라 브루엔은 1925년 5월 5일, 대구 제중원에 간호부 양성소를 설립하였고, 1941년까지 간호부 양성소의 소장으로 재직하며 한국 간호 교육의 발전과 대구동산병원의 선교 사역에 중요한 역할을 수행하였다. 본 서신에서 클라라는 브루엔과 자녀들에게 '클레어(Claire)'라는 애칭으로 불리고 있다.

브루엔과 마사 브루엔의 사이에는 두 딸, 안나 밀러(Anna Miller)와 헤리엇 스콧(Harriett Scott)이 있었다. 첫째 딸, 안나 밀러는 1905년 2월 1일 대구에서 태어났다. 그녀는 1927년 매사추세츠주 사우스해들리에 위치한 마운트 홀리요크 대학(Mount Holyoke College)을 졸업한 후, 뉴저지주 뉴어크에 있는 오렌지 기념병원 간호학교(Orange Memorial Hospital School of Nursing)에서 두 번째 학사 학위를 취득하였다. 1934년 안나는 프레드 클레레코퍼(Fred Klerekoper)와 결혼하였으며, 이듬해 알래스카 배로우(현재 Utqiagvik)로 떠나 선교활동을 시작했다. 안나와 프레드는 1945년까지 배로우에서 원주민들과 함께 거주하며 아트키아그빅 장로교회를 섬겼다. 본 서신에서 브루엔을 비롯한 가족들은 안나를 '낸(Nan)'이란 별칭으로 부르고 있다.

둘째 딸, 헤리엇 스콧은 1910년 10월 2일 대구에서 태어났다. 그녀는 마운트 홀리요크 대학과 컬럼비아 대학교(Columbia University)를 졸업하였다. 헤리엇은 1933년부터 약 2년간 평양외국인학교 교사로 재직하였으며, 1935년에는 대구에서 부모와 잠시 머문 뒤, 파리에서 8개월 체류한 후 미국에 정착하였다.

브루엔의 두 번째 부인 클라라 브루엔은 1936년 2월 9일에 아들 헨리 브루엔 주니어(Henry M. Bruen Junior)를 출산하였다. 본 서신에서 헨리 브루엔 주니어는 '해리(Harry)', '헨리(Henry)', '헤리슨(Harryson)'이란 별칭으로 불리고 있다. 헨리 브루엔 주니어는 아버지와 누나 안나의 영향을 받아 장로교 목사가 되었으며, 알래스카에서도 목회 활동을 펼쳤다.

3. 주요 내용

본서의 처음 여섯 편의 편지는 브루엔이 선교 본부에 발송한 것으로 이를 통해 당시 한국과 일본의 상황, 한국 그리스도인의 신앙관을 엿볼 수 있다. 1920년 2월 9일, 브루엔이 조지 H. 트룰(George H. Trull)에게 보낸 서신은 3·1운동 이후 한국 사회에서 발생한 청년과 장년 간의 갈등, 청년들의 개혁 정신 등을 조망할 수 있는 중요한 기록이다. 또한, 브루엔의 교토 기행문은 서구 문물의 급속한 확산 속에서 나타난 교토 사회의 변화를 섬세하게 그려내고 있다. 1927년부터 1928년까지 작성된 편지에서는 복음을 수용한 한국인들의 개인적 고뇌와 삶의 현실이 생생하게 드러난다. 편지에 언급된 개종자 네 명 중 한 명은 남성이고, 나머지 세 명이 여성(조태남, 유도순, 김봉도 여사)이다. 이들은 모두 복음을 수용하는 과정에서 다양한 변화와 갈등을 경험하였다. 또한, 한국인 개종자들이 삶의 현장에서 복음의 가르침을 실천하려는 노력이 매우 돋보인다.

1936년 1월 17일 자 편지는 정황상 윌리엄 벤보우(William Benbow) 목사가 브루엔에게 보낸 것으로 추정된다. 같은 해 11월 28일 자 편지에는 브루엔에게 전하는 개인적 부탁이 담겨 있으나, 발신자가 불분명하다. 1937년 3월 16일 자 편지는 포르투갈에 임시 거주하던 빅터 웨이드 메이시(Victor Wade Macy) 목사와 그의 아내가 대구선교부에 보낸 편지로 추정된다. 1938년 4월 4일 자 편지는 스왈른 선교사가 브루엔에게 보낸 것으로 당시 일제의 감시로 인해 한국 교회가 직면한 어려움을 우회적으로 언급하면서도 이를 극복할 수 있다는 희망적인 메시지를 전하고 있다.

이외의 서신들은 브루엔이 두 딸에게 보냈거나, 안나(Anna)와 헤리엇(Harriett)이 브루엔과 클라라 브루엔에게 보낸 것이다. 이 서신들은 주로 세 가지 가족사(家族史)를 다룬다. 첫 번째는 브루엔의 막내아들 헨리 브루엔 주니어의 출생으로 인한 기쁨과 감격, 그리고 그의 성장 과정을 구체적으로 기록한 내용이다. 두 번째는 첫째 딸 안나와 사위 프레드가 알래스카 배로우에서 선교사로 활동하던 시기에 주고받은 서신들이다. 브루엔과 클라라는 알래스카에서 험난한 환경 속에서도 선교사로서 사명을 다하고 있는 딸과 사위를 격려하며, 그들의 건강과 안위를 염려하는 부모의 마음을 전했다. 마지막으로, 결혼 적령기에 접어든 둘째 딸 헤리엇에 관한 내용이다. 이 서신들에서는 결혼을 앞둔 헤리엇에 대한 조언과 가족들의 우려가 함께 기록되어 있다. 브루엔의 서신은 주로 자녀들에 대한 우려와 기대를 담고 있는 반면, 안나와 헤리엇의 서신은 부모님을 안심시키고 그들의 신뢰에 보답하려는 내용이 주를 이룬다. 가족 서신은 선교사 브루엔의 인간적 면모를 드러내며, 가족 간의 깊은 사랑을 생생하게 보여준다.

4. 편지의 가치

지금까지 클라라 헤드버그 브루엔의 유고집이 브루엔 선교사에 대한 유일한 참고 문헌으로 여겨져 왔다. 그러나 그녀가 남편을 위해 책을 편집하는 과정에서 자신의 해석과 남편의 기록을 뒤섞어 서술한 부분이 많아, 2차 자료로서 분명한 한계가 존재한다. 따라서 원본 편지와 같은 1차 자료는 그 내용을 쉽게 고칠 수 없기 때문에 더욱 중요한 의미가 있다.

본 번역에서 새롭게 공개된 편지들은 1차 자료로서 기존에 알려진 정보에 새로운 층위를 더하며, '선교사 브루엔' 뿐만 아니라 '인간 브루엔'의 면모를 드러내는 소중한 자료가 된다. 특히, 이 편지들은 브루엔이 직접 남긴 기록물로 선교사이자 가장(家長)으로서 직면한 도전과 고민을 더욱 생생하게 전달한다. 이를 통해 기존의 2차 자료에서는 확인할 수 없었던 브루엔의 생생한 목소리와 실제 경험이 보다 명확하게 드러나게 된다.

이러한 자료는 단순히 선교사 개인의 기록을 복원하는 작업을 넘어, 내한 선교사 연구의 중요한 목적을 실현하는 데 기여한다. 즉, 편지와 같은 1차 자료를 통해 한국 기독교의 형성과 발전 과정에서 선교사들이 수행한 역할을 보다 정확히 이해하고, 기존 연구에서 간과되거나 변형될 수 있었던 내용을 바로잡을 수 있다. 이는 한국 기독교사 연구의 깊이를 더하고, 1차 사료의 중요성을 강조함으로써 더 정교한 역사적 분석을 가능하게 한다.

브루엔의 서신은 초기 한국 그리스도인들의 복음 수용 과정과 신앙관을 생생하게 묘사하고 있다. 조태남, 유도순, 김봉도 여사와 이 장로의 이야기는 복음이 개인의 삶과 가치관, 나아가 지역 사회에 어떤 영향을 미쳤는지를 구체적으로 보여준다. 이는 한국 교회사 연구자들에게 선교 초기 기독교 수용과 갈등, 그리고 신앙적 성숙 과정을 이해하는 데 중요한 자료가 될 수 있다. 특히, 브루엔의 서신은 단순히 종교적 기록에 머물지 않고, 3·1운동 이후 한국 사회에서 나타난 청년들의 개혁 정신과 교회의 역할을 정치·사회적 맥락 속에서 조명한다. 따라서 이러한 기록은 한국 사회의 근대화 과정에서 기독교가 차지한 역할과 그 시대적 의미를 해석하는 데 중요한 단서를 제공한다.

브루엔과 그의 가족이 주고받은 서신은 선교사 가정의 삶과 정서를 이해하는 데 중요한 자료이다. 본서는 막내아들 헨리 브루엔 주니어의 성장 과정, 첫째 딸 안나와 사위 프레드의 알래스카 선교, 둘째 딸 헤리엇의 결혼과 관련된 조언과 우려는 선교사 가정이 겪은 기쁨과 도전, 그리고 가족 간의 깊은 유대와 사랑을 여과 없이 보여준다. 이러한 기록은 선교사의 삶이 단순히 기능적 역할에 국한되지 않고, 그들 역시 일상에서 인간적 경험과 감정을 공유하는 개인임을 드러낸다. 또한, 이러한 서신들은 선교사와 그 가족이 일상에서 신앙적 가치를 어떻게 실천했는지를 보여주는 동시에, 선교사가 단순히 복음 전파의 도구로만 여겨지던 기존의 시각에 균형을 제공한다.

본 번역을 통해 새롭게 발굴된 자료들은 브루엔 선교사의 활동과 한국 선교 역사의 공백을 메우는 데 기여하며, 기존 연구를 보다 풍성하게 보완하는 역할을 한다. 결론적으로, 브루엔의 서신은 초기 한국 기독교를 이해하는 데 있어 유용한 자료일 뿐만 아니라, 선교사와 그 가족의 삶을 조명하며 선교사의 역할과 의미를 재평가할 수 있는 가치를 지닌다.

번역문

1920년 2월 9일
한국, 대구

청년의 시대

조지 H. 트룰 목사님께[1]

저는 최근 한 공개 연설에서 '어제는 이미 지나간 옛날이다.'라는 표현을 들었습니다. 연설자는 이 표현을 통해 '아침의 나라'라고 불렸던 이곳에서 얼마나 빠른 속도로 변화가 일어나고 있는지를 나타내고자 했죠. 지난 이십 년 동안 철도, 전신, 전기, 수도, 공공건물, 학교, 도로, 차선, 공장 등의 도입으로 도시가 [판독불가]한 인식의 변화를 불러왔습니다. 그뿐만 아니라 가장 큰 변화는 사람들의 정신에서 찾을 수 있습니다. '고요한 아침의 나라'에서 노인들은 존경받았고 정치와 사회생활에서 영향력을 행사했습니다. 그러나 오늘의 현대 한국 사회에서는 청년들이 주도권을 쥐고 있으며, 그들의 신속한 움직임은 이전 세대가 그 변화의 속도를 따라잡기 어려울 정도로 현기증을 느끼게 만듭니다. 지금은

---

1 조지 H. 트룰(George H. Trull)은 미국 뉴저지주 엘리자베스 출신으로, 존스홉킨스 대학교와 프린스턴 신학교에서 수학하였다. 트룰은 미국 장로교 해외선교위원회 주일학교 사무총장으로 재직하며, 주일학교 커리큘럼을 개발하고 선교 활동을 촉진하는 데 중요한 역할을 했다. 대표적인 저서로 *Missionary Methods for Sunday-School Workers*(1908)와 *The Sunday-School Teacher and the Program of Jesus* (1915)가 있다.

젊은이들의 시대입니다. 지난해 3월, 독립운동이 발발한 이후 수천 명의 체포와 고문, 투옥이 이어지면서 청년들은 우리가 생각하지 못했던 수준의 독립적인 사고와 행동을 이미 이뤄냈습니다. 그들은 더 이상 어른들과 상의하지 않으며, 결과에 대한 두려움 때문에 주저하지도 않습니다. 며칠 전, 한 도시 교회의 청년들은 모임을 열고 교회 예배에서 남녀를 구분하는 오랜 전통의 장막을 걷어내기로 결의했습니다. 그들은 또한 부패를 억제하고 공공의 이익을 도모하기 위한 청년회를 조직했습니다. 이 모임에는 비기독교인, 불교도, 천주교도, 개신교인이 모두 포함됩니다. 물론 경찰이 그들의 동기를 의심할 것이라는 점을 인식하고, 첫 단계로 경찰서장에게 가서 운동의 목적을 설명했습니다. 그리고 첫 번째 공개 모임의 연사로 경찰서장을 초청했습니다. 이는 교회가 선(善)을 위해 쓰임 받을 수 있는 새로운 역동성이 있음을 보여줍니다. 그러나 이러한 점을 인식하고 출구를 제공하지 않으면 그들은 다른 곳에서 그러한 출구를 찾게 될 것입니다. 이 경우 교회는 그 힘을 잃으며 미래에 대한 희망도 거의 사라질 것입니다. 조선예수교장로회는 지난 총회에서 '진흥 운동'을 조직하고, 그것의 분명한 방향과 3년간의 계획을 수립했습니다.[2] 오늘날 교회가 가진 기

---

[2] 3·1운동 이후 일제의 교회 감시와 물리적 탄압은 더욱 커졌다. 그 결과 교회는 재산 손실, 교인 감소, 지도자 이탈 등의 문제에 직면했다. 이런 상황에서 조선예수교장로회는 1919년 제8회 총회에서 '진흥 운동'을 결의하고 전국 단위의 부흥운동을 실시하였다. 1차 진흥운동은 1919년에서 1925년, 2차 진흥운동은 1929년부터 1934년까지 전개되었다. 타 지역보다 상대적으로 3·1운동에 적극적으로 참여한 대구·경북 지역 교계 지도자들은 진흥운동에도 앞장서며 교회 재건과 부흥을 꾀하였다.

회는 교회 청년들의 이 진취적인 정신을 진흥 운동의 프로그램 실현으로 이끄는 것입니다. 3년 차 기획의 첫해에는 9개의 확실한 전진 항목이 포함됩니다. 여기에는 가정 예배, 교회 출석 증가, 교회 신문 구독자 확보, 성경 교육 출석 증가, 해외 선교 및 목회자 사례를 위한 헌금도 있습니다. 두 번째 해는 부흥회와 특별 사경회가 포함되며, 세 번째 해에는 그 결과를 모아 청년 단체와 주일학교 사역으로 구체화합니다.

심지어 어린 소년들조차도 훈련 중인 듯 보입니다. 거리의 모퉁이와 공터마다 소년들이 모여, 예전에 "올드 캣"이라는 이름으로 알려졌던 야구 형식의 놀이를 하는 소년들을 볼 수 있습니다. 이들은 가벼운 고무공을 사용하기 때문에 글러브나 마스크가 필요 없고, 튼튼한 팔이 방망이 역할을 대신합니다. 타자는 1루까지 달려갔다 다시 돌아와야 하며, 수비수들의 목표는 그가 홈 플레이트에 도달하기 전에 공으로 그를 맞추는 것입니다. 그것은 마치 해일이 전국을 강타하여 길모퉁이와 뒷골목마다 수천 개의 잔물결을 일으키는 것과 같습니다. 물가가 몇 배나 뛰면서 생활비가 크게 올랐습니다. 우리는 어찌해야 할지 모르겠습니다.

대구·경북 지역의 '진흥운동'에 대해서는 다음을 참고. 김병희, 「장로교 진흥운동에 관한 연구: 1920년대 대구·경북지역을 중심으로」, 『갱신과 부흥』 32호, 2023.

자원자 모집

사람을 뜻하는 말은 "백성"으로 이는 '백 가지 이름'을 의미합니다. 이 단어의 뜻은 모든 사람은 같다는 것입니다. 마찬가지로 "백 무리"는 모든 것을 포함하는 백 가지 물건을 의미합니다. 따라서 요즘에는 "백 가지가 올랐다"라는 표현을 들을 때, 이는 동양식으로 경제학자들이 말하는 난제인 물가 상승을 표현하는 방식입니다. 이 표현은 이미 일반화되었으며, 많은 사람에게 실망을 주지만, 우리는 모두 이것이 노동력과 인간의 가치가 비례적으로 상승했다는 것으로 이해합니다. 복음은 개인의 가치를 가르치며, 바로 그 복음은 그 가치를 실현하기 위한 최상의 수단입니다. 우리의 가장 효율적인 기관[3] 중 하나가 2년 동안 의사를 기다리며 유휴 상태로 방치되어 있습니다. 건물과 장비, 그리고 절호의 기회가 모두 하나님의 부름을 받은 의사를 기다리고 있습니다.

헨리 먼로 브루엔.

---

3 동산기독병원(현 계명대학교 동산병원)을 지칭한다.

1925년 7월 13일
교토

파도가 만나는 곳

 일본의 기류는 북아메리카 대륙의 해안을 휩쓸며 삶의 환경을 놀랍게 변화시킵니다. 하지만 더욱 분명한 것은, 여러 나라로부터 온 서구의 물결이 일본이라는 작은 섬나라를 휩쓸며 거의 한 세대 만에 혁명적인 변화를 일으켰다는 점입니다. 그래서 이곳이 동양화된 서양인지 서양화된 동양인지 알 수 없을 정도로 혼란스럽습니다.
 어선의 뱃머리에 서서 창을 머리 위로 든 어부들은 일본을 연상시킵니다. 하지만 아름다운 갈대 돛이 달린 배는 '척척' 소리를 내며 연기 자국을 남기며 앞으로 나아가고 있습니다. 해안가에서는 아직도 인력거가 눈에 띄지만, 거리에는 발길이 끊이지 않는 보행자들 사이로 포드 택시가 경적을 울리며 지나갑니다. 인도는 없고, 자전거 탄 사람들이 다양한 복장을 한 채 군중 속을 이리저리 누비고 있습니다. 어떤 사람은 머리 위에 높은 상자 더미를 실었고, 또 한 식당의 사내는 한 손으로 자전거를 조종하며 다른 한 손으로는 접시 위에 풀코스 저녁 요리를 들고 가고 있습니다. 곳곳에 깨어있는 듯한 젊은 사업가들이 군중 속에서 길을 찾아가고, "마츠야 실크 상점" 앞에서는 값싼 미국식 드레스 흉내를 낸 옷을 입은 아이들이 작은 고무공을 가지고 놀고 있습니다. 길가에 있는 거리마다 어깨에 걸친 막대기에 바구니를 매달고 상품을 외치며 다니는 남자와 여자들이 있습니다. 차량 운전사들은 아무도 없을 때도 시끄럽게 경적을 울리고 있습니다. 피곤함에 지친 한 여성은 가죽으로 무거운 수레를 이끌고 있습니다. 그리고 그녀의 어린 딸도 터벅터벅 걸어갑니다. 일본은 급속하게 산업 국가가 되고 있습니다. 집약적인 농업으로는 급격히 증가하고 있는 국민에게 생계 수단을 제공할 수 없습니다. 아동 노동과 남녀 혼숙을 수반하는 악습을 지닌 공장은 모든 대도시에서 볼 수 있습니다. 그런데 저 사람은 뭘 하는 걸까요? 승복을 입고 삭발한 남자는 인력거에 선 채로 길모퉁이에 있습니다. 불자(佛子)임이 자명한 그는 앞에 서 있는 그의 일꾼에게 설교를 하고 있지만, 그의 일꾼은 인력거를 끌며 따분한 표정을 지을 뿐입니다. 그 앞에 놓인 바닥에는 촛불이 켜져 있습니다. 이제 그는 일꾼에게 나가라고 손짓한 후, 인력거에서 내려 촛불을 향해 손을 비비고 절을 합니다. 그는 먼저 한 쪽에 서고, 그다음 다른 쪽에서 서서 촛불에 경의를 표하며 기이한 행동을 계속합니다. 일꾼은 길가에 앉아 파이프 담배를 피우고 있습니다. 다른 길모퉁이에서는 한 남자가 군중에게 연설하고 있습니다. 저 남자가 무슨 말을 하는지 물어봅시다. 아, 기독교 예배를 드리는 중입니다. 이제 길을 따라 내려갈까요? 저 분주한 시장에서 사람들은 무엇을 하고 있을까요? 그것은 불교 예식의 또 다른 형태입니다. 시장의 한 가판대에서는 두 명의 승려가 불이 켜진 촛불과 형상 앞에 무릎을 꿇고 노래를 하며 박자에 맞춰 이따

금 북을 두드립니다. 그 뒤에는 여성들이 줄지어 앉아 노래에 참여하고 있습니다. 지나가는 사람들은 그것을 방해하지 않습니다. 한 무리의 청년들이 광고문을 읽는 데 열중하고 있습니다. 바로 라디오에서 방금 보도된 야구 경기 점수입니다!

  이곳은 조류들이 만나고 소용돌이치며 끊임없이 변화하고 이동하는 일본입니다.

1926년 10월 30일

브루엔 일가

친애하는 우드콕 박사님께[4]

　10월 11일 월요일에 저는 2주간 시골 순회를 떠날 예정이었지만, 브루엔 일가의 법은 월요일에 긴 여행을 시작하는 것을 금합니다. 왜냐하면 월요일 오전에 2주간 먹을 빵과 같은 물품들을 준비하는 것이 어렵기 때문입니다. 게다가 이번에는 가치 있는 고고학적 유물을 볼 수 있는 특별한 기회가 있었습니다. 스웨덴 왕세자가 대구를 방문하고 경주로 자리를 옮겼습니다.[5] 한국의 과거 영광을 담은 고대 왕족들의 고분과 사찰, 탑 및 기념물 그리고 박물관에 있는 금관, 팔찌, 귀걸이, 밥그릇, 화려한 옥피리와 장신구들, 거대한 석관, 갑옷, 석기 시대의 유물, 거대한 청동 종 등이 포함된 희귀한 보물들을 보기 위해서입니다.

　우리는 이것들을 보았고 또 언제든지 볼 수 있었습니다. 하지만 일본인들은 알려지지 않은 한 왕릉을 발굴했습니다. 사실, 처음에는 왕릉이라고 생각하지 않았습니다. 그러나 이것은 유명한 고고

4　우드콕(John R. Woodcock)은 미국 뉴욕주 시러큐스시의 제네시동부장로교회(East Genessee Presbyterian Church)에서 목회하였다.
5　스웨덴 왕세자이자 고고학자인 구스타프 6세 아돌프(Gustav VI Adolf)는 신혼여행의 일환으로 일본을 방문한 후, 1926년 10월 9일 부산항에 도착하였다. 고고학에 깊은 관심을 가진 그는 10월 10일 경주 노서리 서봉총 발굴 현장을 직접 답사하였다.

학자인 스웨덴 왕세자를 위해 개방되었습니다. 우리 선교기지의 두 사람이 막 돌아왔고, 그들의 설명으로 우리 모두 그곳을 방문하고 싶었습니다. 제가 이곳에서 거의 삼십 년을 지낸 만큼 저는 이 나라에 대해 조금 더 알아야겠다고 결심했죠. 그래서 저는 시골 교회에 하루 늦을 거라고 연락했고, 플래처 박사와 우리 가족은 다른 친구들을 데리고 펠릭스와 펠리시아[6]를 타고 함께 경주로 떠났습니다. 우리는 예상대로 도착했고, 다행히도 모든 유물은 발굴된 상태 그대로였습니다. 금관, 귀걸이, 팔찌, 허리띠 등이 모두 분해된 시신에서 떨어져 나간 채 놓여 있었습니다. 녹색 비취 조각들은 어디서나 볼 수 있었습니다. 황금 밥그릇과 아름다운 청색 유리그릇은 모든 종류의 토기 그릇, 청동 주전자 등 옆에 완벽하게 보존되어 있었습니다. 심지어 오래된 관 조각 몇 개가 그대로 남아 있었고, 한 일본인이 쪼그리고 앉아 모든 것을 있는 그대로 꼼꼼히 그리고 있었습니다. 이것은 마치 고대 투탕카멘을 들여다보는 것만큼 흥미로웠습니다.

　우리는 정말 멋진 하루를 보냈습니다. 약 밤 10시경에 돌아왔고, 다음 날 아침 저는 한국인 요리사와 시골로 떠났습니다. 모든 것이 잘 진행되었고, 저는 펠릭스를 경찰서에 남겨 두고 근처 교회로 걸어갔습니다. 일주일 후에 돌아와서 토요일과 일요일을 보내는 동안 저는 심각한 감기에 걸렸습니다. 성도들로 가득 찬 교회에서

6　'펠릭스'는 브루엔의 선교 활동을 지원하기 위해 미국 뉴욕 시러큐스 장로교회에서 후원한 포드 자동차의 애칭이다. 한편, '펠리시아'의 출처는 확인되지 않으나, 당시 대구 선교기지 소속 선교사들이 사용하던 차량을 지칭하는 것으로 보인다.

제가 약 15분 동안 설교했는데, 방이 작아 자리가 없어서 마당에도 사람들이 서 있었습니다. 그들에게 다가가기 위해 저는 [설교를] 멈춘 뒤, 문 바깥으로 나가야만 했습니다. 일요일에는 몸이 안 좋아서, 월요일 일정을 취소하고 집으로 돌아가야 했습니다. 한 기독교인 운전사(그는 일요일 밤에만 예배에 참여할 수 있습니다.)는 제가 차를 수리하는 것을 보고 많은 도움을 주었습니다. 찬 바람이 불었지만, 펠릭스의 유리창 덕분에 바람을 막을 수 있었고, 저희는 사고 없이 집에 도착했습니다. 의사는 제가 디프테리아에 걸렸다고 말하며 저에게 말 혈청을 가득 주입했습니다. 두 번의 대용량 주사는 효과가 있었지만, 일주일 후 온몸에 두드러기가 나면서 극심한 고통을 겪었습니다. 모르핀 주사 두 대로 겨우 한 시간 정도 휴식을 취할 수 있었고, 다른 주사(아드레날린?) 때문에 정신을 차릴 수 있었습니다. 하지만 지금 저희는 매우 감사하고 있습니다. 이틀간 밤낮으로 간호하느라 제 아내가 지쳐있기 때문에 "저희"라고 말했습니다. 펠릭스는 확실히 도움이 되었습니다.

헤리엇은 학교를 대표하는 학생 세 명 중 한 명으로 서울 학생을 상대하는 토론대회에 참가하여 승리했습니다. 또한 헤리엇의 학교는 농구에서도 승리하여 세 번의 대회 중 최고의 성과를 낸 학교에 주어지는 우승컵을 차지했습니다. 세브란스 병원의 로드로우 박사가 우승컵을 수여했습니다. 다른 한 경기는 야구였는데 그것은 서울 학교가 이겼습니다. 저희는 평양의 로버츠 박사로부터 헤리엇이 매우 훌륭한 일을 해냈다는 편지를 받았습니다. 사랑하는 자녀들은 정말로 저희에게 큰 기쁨입니다.

내년 여름, 제 아내가 고향에 가는 것이 불가능할 것 같습니다. 그러나 현재로서는 낸이 졸업한 후 저희와 함께 일 년을 지낸 다음 헤리엇을 데리고 유럽을 경유해 졸업하는 방안을 고민하고 있습니다. 그 당시 가능하다면 말이죠.

우리 여학교의[7] 교장 폴라드가 집으로 휴가를 떠났습니다. 저는 당신이 그녀를 만나게 되길 바랍니다.

당신의 가족과 우리의 여러 친구에게 안부를 전하고 존경을 표하며

헨리 먼로 브루엔.

---

[7] 대구의 신명여학교를 지칭한다. 신명여학교는 대구 지역 최초의 여성 교육기관으로, 1907년 마사 스콧 브루엔(Martha Scott Bruen) 여사가 자신의 사택을 교사(校舍)로 사용하여 설립하였다. 이 학교는 대구 지역 여성들의 교육 기회를 확장하는 데 중대한 기여를 하였다.

1927년 6월 16일

대구의 이야기들

　조태남은 언덕 위의 교회에 다니고 있었습니다. 그곳에서 그녀는 하나님이 우리의 선하신 하늘 아버지시며 우리가 누리는 모든 좋은 것들을 주셨다는 것을 배웠습니다. 그녀는 노래 배우는 것을 좋아했습니다. 그녀의 가족 중에는 기독교인이 없었습니다. 그녀는 아버지와 다른 가족들에게 자신이 들은 것을 이야기하며 함께 교회에 가자고 간청했습니다. 어느 날 아버지가 그녀의 말에 동의했습니다. 그 후부터 그 가족은 교회에 정기적으로 출석했습니다. 저는 최근에 그 교회를 방문하여 이십 명에게 학습과 세례 문답을 실시했는데, 그중 한 명인 태남이는 우수한 성적으로 문답을 통과했습니다. 그녀는 예수님의 탄생, 기적, 비유, 죽음 등에 관한 이야기를 할 수 있었습니다. 그녀는 주기도문과 십계명, 사도신경도 암송했습니다. 또한 그녀는 다른 사람을 위해 기도하고 일하는 것에 관해 질문했을 때도 훌륭한 고백을 했으며 성만찬과 세례의 의미까지도 이해했습니다. 그녀의 밝고 상냥한 얼굴 때문에 저는 그 아이에게 끌렸습니다. 나중에 태남이의 아버지도 세례 교인의 자격을 갖추기 위해서 제가 진행하는 학습 문답에 참여했습니다. 저는 그에게 당신을 그리스도께로 인도한 사람이 누군지 물었습니다. 그는 "제 딸 태남이가 계속 가자고 재촉했고, 어느 날 제가 동의하고 교회에 갔어요. 저는 딸의 말이 옳았다는 것을 알게 되었고 지금은 우리 가족 8명 모두가 정기적으로 교회에 출석하고 있습니다."라고 대답했습니다. 태남이는 열세 살입니다.

유도순은 명랑한 소녀로 제가 교회에 가면 항상 저를 가장 먼저 반겨줍니다. 그녀의 아버지는 전도사이기 때문에 지난 15년 동안 대부분의 시간을 떨어져 지냈습니다. 그는 "대한독립 만세"를 외쳤다는 이유로 일 년 넘게 감옥에 갇혀 있었습니다. 하지만 그 기간 어머니와 가족들 모두 매일 아침저녁으로 기도를 드렸습니다. 저녁 기도 시간에는 성경을 꺼내지 않고 각자 낮에 외웠던 성경 구절을 차례대로 암송했습니다. 그런 다음 기억에 남는 찬송가를 부르고 어머니는 누군가에게 기도를 이끌어 달라고 요청했습니다.

태남이에게는 두 명의 오빠가 있습니다. 큰오빠는 결혼하였고, 현재 교회의 지도자가 되었습니다. 도순이는 네 자매 중 둘째로 현재 열네 살입니다. 얼마 전에 제가 그곳에 갔는데, 얼마 지나지 않아 도순이가 여동생을 업고 나타났습니다. 저는 "도순아, 지금 성경 구절을 몇 개나 외울 수 있을까?"라고 물었습니다. 그녀는 재빠르게 "300개 정도요"라고 답했습니다. 저는 몇 번 시험해 보았는데, 가끔은 구절을 직접 인용하고 때로는 참고 구절을 제시했습니다. 그녀는 정확하게 대답했습니다. 저는 그녀에게 몇 장을 암송할 수 있는지 물었습니다. 그녀는 "장 전체를 외울 수 있는 것은 많지 않아요."라고 답했습니다. "시편 1편은?" "네" 그리고 "23편은?" "네, 그리고 다른 것들도 마찬가지예요." "고린도전서 13장을 암송할 수 있을까?" "아, 사랑장이요? 네." "그리고 로마서

12장은?" "네. 그리고 마태복음 5장의 많은 부분도 암송했어요." 그녀의 오빠는 그녀가 가족 중 누구보다 성경을 더 많이 알고 있다고 저에게 말합니다. 그녀는 이것 외에 다른 교육을 받은 적이 없습니다. 제가 그녀의 아버지에게 약간의 도움을 드려서 잠시라도 그녀를 학교에 보낼 수 있는지 물어볼 생각입니다. 당신은 그녀가 그렇게 대답한 것에 대해서 어떻게 생각하나요? 여러분 중에 몇 분이나 그녀처럼 대답할 수 있을지 궁금하고, 또 얼마나 많은 가정에서 이처럼 신실하게 가정 예배를 드리는지 궁금합니다. 여러분도 아버지께 이 이야기를 들려드리고, 아버지께서도 이처럼 도전해 보시면 어떨지 여쭤보세요.

1927년

잃어버린 십 년

이 씨는 저의 첫 번째 조사(助事)[8]이자 제가 처음으로 안수한 장로였습니다. 어느 날 그는 조카가 절도죄로 감옥에 갇혔다는 소식을 듣고 이를 경찰에 신고한 사람에 대해 큰 억울함과 원한을 품고 화를 주체하지 못했습니다. 결국 그는 노회로부터 징계를 받아 교회에서 출교당했습니다. 그것은 제 인생에서 큰 실망 중 하나였습니다. 저는 수년 동안 그를 위해서 기도했습니다. 저는 그에게 자주 편지를 썼고 제가 그의 동네에 있을 때마다 항상 그를 찾았습니다. 다음은 그의 개인적인 간증입니다.

저는 조사이자 장로였습니다. 저는 제 삶을 하나님께 바쳤고 사역을 준비하기 위해 신학교에 입학할 것을 기대하고 있었습니다. 하지만 방심한 그 순간에 제 삶에서 10년이 사라졌습니다. 저는 종종 누군가가 저에게 말을 걸어 주기를 갈망했습니다. 하지만 사람들은 제가 장로이기 때문에 아무런 충고를 할 수 없다고 생각했는지, 저에게 회개를 촉구하는 사람이 거의 없었습니다. 저는 몇 번이고 다시는 술을 마시지 않겠다고 결심했지만, 예전의 친구들을 만나면 아무 소용이 없었습니다. 어느 날 교회를 안 다니는 친구

---

[8] 조사(助事, Helper)는 한국 선교 초기, 목사 직분이 제도화되기 이전에 내한 선교사와 협력하여 목회, 전도, 교육 등 다양한 역할을 수행한 한국인을 지칭한다.

가 저를 불러 주일을 지킬 것을 요구했습니다. 제가 "왜?"라고 묻자, 그는 저에게 "네 두 아들이 말하는 걸 들었는데, '아버지도 주일을 안 지키니 우리도 지킬 이유가 없지. 아버지는 나가실 때마다 꼭 술을 드신다'고 하더라."고 말해줬습니다. 종종 두 아들을 생각하면 그들이 점점 신앙에 관심이 줄어드는 것을 느꼈기 때문에 그의 말이 저를 자극했습니다. 저는 스스로에게 말했습니다. '참으로 나는 큰 위기에 처해 있구나. 내 아들들이 신앙을 잃고 나서 내가 회개하면 그게 무슨 소용이야. 지금 회개해야 해.' 잠 못 이루는 밤을 보낸 다음 날 아침, 저는 아이들에게 성경과 찬송가를 가져오라고 말했습니다. 가족을 불러 모아 솔직하게 죄를 고백한 후 하나님께 기도로 저의 죄를 자복하고 새 삶을 시작했습니다. 그날부터 저는 술 한 방울도 입에 대지 않았고, 지금 우리 집은 얼마나 평화로운지 모릅니다! 저는 가족들에게 '나의 하나님은 너희의 하나님이고 너희의 하나님은 나의 하나님'이라고 말합니다. 저는 "오, 제가 잘 알고 지내던 여러 교회의 수많은 그리스도인의 신앙에 입힌 상처! 제가 놓치고 낭비한 세월로 인한 피해를 모두 적는다면 신약성경 27권보다 더 많을 것입니다."라고 고백하였습니다.

저는 앉아서 그의 간증을 들었습니다. 그리고 그를 자신의 양떼로 부르시고, 이전 사역지의 조사(助事)로 다시 세우신 하나님의 은혜로우신 용서의 사랑을 떠올렸습니다. 그 순간 제 마음은 감사로 가득 찼습니다.

이름: 헨리 먼로 브루엔 목사

임명: 1899년

장소: 대한민국 대구

사역: 복음 전도

1928년

거의 이십 년 전 저는 한 시골 교회를 방문하다가 두 명의 영리한 형제를 만났습니다. 제가 나이를 묻자 각자 "열두 살"이라고 대답했습니다. 저는 당연히 그들이 쌍둥이라고 판단했습니다. 그러나 사실은 그렇지 않았습니다. 그들 중 한 명은 마을에서 가장 유력한 남자의 두 번째 부인에게서 태어난 아들이었습니다. 그는 자신의 집 바로 앞 사유지에 교회를 설립하고, 그 운영은 그의 가족이 맡았습니다. 그러나 그는 자신과 둘째 부인이 정회원으로 받아들여질 수 없다는 것을 알고 교회를 떠났고 천주교로 개종했습니다. 나중에 그는 성당도 떠났습니다. 이 모든 과정에서 "둘째 부인" 김봉도 여사는 신실했고 자유를 얻기 위한 온갖 노력을 다 했습니다. 그녀는 유난히 총명한 여성이었고 한동안 교회에서 작은 학교도 운영했습니다. 몇 년 전에 그녀의 남편이 죽었고 그녀는 그의 가족과 함께 대구로 이사했습니다. 그곳에서도 그녀는 매우 헌신적으로 교회를 돌보았습니다. 최근에 그녀의 아들이 결핵에 걸려 아내와 세 아이를 남기고 세상을 떠났습니다. 김 여사는 큰 이교 마을에 교회를 세우려고 노력했지만, 그곳 사람들은 신양반(신흥 부유층)이었습니다. 그래서 그녀는 다른 마을로 향했습니다. 새로운 마을에서 그녀는 유서 깊은 양반 가문의 환대를 받았습니다. 김봉도 여사는 환대를 베푼 가문의 부인이 과거에 자신이 운영했던 주일학교의 학생이었다는 사실을 알게 되어 매우 기뻤습니다. 이것은 진정으로 기회의 문이 열렸다는 의미입니다. 부인은 그 가족의 연결고리가 되었습니다. 그녀는 약간의 교육을 받고 말씀을 통해 진리에 대한 이해를 갖고 있었습니다. 한 달 전에 제가 그 모임을 방문했을 때 그녀는 예비 신자가 되었습니다. 약 1.6km 떨어진 곳에 예배당과 [판독불가]한 한 무리의 그리스도인들이 있습니다. 저녁 식사 후 약 20명 이상이 그곳에서 건너왔습니다. 우리는 바닥에 돗자리를 깔고 제 손전등을 걸어두고 150여 명의 사람이 모인 가운데 그리스도를 전했습니다. 초반에 술을 마신 두 남자가 모임을 훼방했지만, 결국 자리를 떠났고 우리는 즐겁게 지냈습니다. 저는 그곳에서 하룻밤을 보냈고 다음 날 아침 두 명의 훼방꾼을 찾아갔습니다. 한 명은 사과했고 다른 한 명은 우리를 만나길 거부했지만, 다른 많은 사람이 그의 신사답지 못한 행동에 대해 사과했습니다.

이 년 전 마을 이장이 학교 건물을 교회에 헌물했습니다. 그 건물은 크고 새로 지어진 것이었지만, 바닥과 창문이 없었습니다. 올해 그 구역[기도처]이 [판독불가] 헌금해서 건물 지붕에 양철을 씌웠습니다.

같은 구역은 자체 전도사를 임명하여 또 다른 큰 마을에서 새로운 기도처를 시작했습니다. 최근 열린 구역 제직 훈련에는 5명의 새신자가 참석했습니다.

제가 아담스와 동역한 한 여성을 두 달 동안 [판독불가] 마을의 교회로 파송했습니다. 그 구역은 그녀가 계속 머물러 줄 것을 요청하며 이에 따른 비용을 부담하겠다고 했습니다. 저는 최근에 그곳에서 하루를 보냈는데, 마당에 200명이 모였습니다. 그녀가 사역한 결과로 이 마을의 교회에서는 12명, 가장 가까운 교회에서는 10명의 새신자가 보고되었습니다. 이것은 그녀의 사역이 다른 사람들에게 복음을 전하는 데 자극을 주는 것이지, 그 반대가 아님을 보여줍니다.

1935년 10월 19일
[판독불가] 기차에서

사랑하는 큰딸에게

나는 어제 집에서 112km 떨어진 "신(新)청안사"[9]를 떠나 순회 여행을 하던 중 클레어의 간호사 친구인 루이스 비글을 만나러 선교본부에 갔단다. 그녀와 밀러 부부, 헤리엇과 나는 차를 타고 경주에 다녀왔지. 헤리엇이 왕복 운전을 했어. 밀러 씨는 그곳이 처음이었어. [판독불가] 멋진 [판독불가]한 것이 있었어. 헤리엇과 비글 양은 어젯밤 서울과 선교본부로 떠났고, 나는 오늘 오전에 [판독불가]에 있는 지리의 김 씨와 합류하기 위해 나왔어. 나는 대중교통으로 50리를 갈 것이고, 그 후에 자전거를 빌려서 전에 한 번 호이트 박사와 함께 갔던 교회까지 30리를 더 갈 예정이야. 너는 아마 그 교회의 난로에 대한 흥미로운 이야기를 기억할 거야.

사랑하는 딸아, 내일은 너에게 좀 더 깊은 생각을 가져다줄 수 있기에 나는 바로 그 이유로 너에게 편지를 쓰고 있단다. 클레어가 "딸들에게 편지를 쓰는 게 좋겠어요."라고 말했지. 그녀는 항상 나에게 이런 조언을 해주고 있어. – 우리의 사랑하는 어머니 [마사 브루엔]의 죽음 – [판독불가] 지난날이 나에게 얼마나 힘들

---

9 청안사는 현재 경상북도 김천시 봉산면 봉산로에 위치한 사찰을 지칭하는 것으로 보인다.

었는지. 하지만 그 놀라운 삶을 되돌아보면 얼마나 많은 축복으로 가득 찼는지 몰라. 그녀는 늘 그렇게 사랑스럽고 명랑했으며, 완전히 이타적이었지. 항상 [판독불가]한 다른 사람들을 위해 좋은 일을 생각하며 살았어. 또한 [그녀는] 훌륭한 이웃이었어. 가끔 옆집에 들러 장미나 딸기를 나눠주거나, 새로 태어날 아기를 위해서 뭔가를 만들어 주곤 했어. 그건 그렇고 너는 우리가 2월 중순에 기대하고 있는 어떤 것을 이미 알고 있을 거야. 클레어는 기분이 좋고 건강해 보여. 비록 그녀의 나이 때문에 힘든 시간을 보낼 수 있지만 나는 그녀가 [판독불가]의 모든 고비를 잘 넘기길 바라.

우리가 언제 알래스카의 소식을 들을 수 있을지 궁금해. 그곳 토착민들도 아이를 낳겠지? 그리고 나는 분명히 파푸스[10]에 대해서 들었어. 늘 건강하길 바라. 프레드에게 사랑을 전해줘. 우리는 항상 알래스카에 관한 소식을 듣거나 읽는 것을 흥미롭게 생각한단다. 그리고 비글 양이 그레타 [판독불가] 데커를 잘 알고 있고 그녀와 함께 밸리더스에 가서 [판독불가] 부인과 딸들을 만났다는 사실을 말한다는 것을 깜박했구나. 흥미롭지 않니?

많은 사랑과 헌신을 담아서, 아빠가.
프레드에게 항상 최고의 안부를 전해줘.

---

10 파푸스(papoose)는 원래 북미 원주민 언어인 알곤킨어에서 유래한 단어로, 원주민 아기를 가리킨다. 이 문맥에서 "파푸스"는 알래스카에서 살고 있는 '아기'나 '어린 아이'를 의미하는 것으로 보인다.

1935년 12월 16일
한국, 대구의 집

사랑하는 낸과 프레드에게

일요일이 가까워지고 또 다른 중요한 순간이 다가오고 있어. 우리 셋은 둘러앉아 아이의 이름이 가진 가치에 대해 이러쿵저러쿵 이야기하고 있어. 한국인들은 축하의 말을 아주 솔직하게 표현한단다. 어떤 사람이 "바울은 '복음의 아들'" 곧 "복음의 내 아들"을 가지고 있다고 말했어. 분명히 너도 같은 축복을 받게 될 거야. 클레어는 예전에 '하복음'이라고 불렸지. 클레어는 감기에 걸려서 코감기 약을 먹고 일찍 잠자리에 들었어. 헤리엇이 집에 있는 게 너무 좋아. 그녀는 약 30일이 걸린 중국 여행에서 돌아온 후 지금까지 편지를 쓰느라 바쁘게 지내고 있어. 우리는 세기 초반의 흥분을 느끼고 있지만, 이것에 대해 편지로 [판독불가]한 것을 너희에게 [판독불가] 쓰는 것은 현명하지 않다고 생각해. 내일 이곳에서 노회가 열릴 예정이야. 나는 늘 그렇듯이 조사(助事)들의 내년도 급여를 올리기 위해 고군분투하고 있어. 조사들 대부분은 꽤 잘하고, 일부는 놀라울 정도로 잘하고 있어. 한 공동체는 1934년 조사에 대한 지원을 연간 7파운드에서 120파운드로, 1935년에는 180파운드로 올렸지만, 다른 곳에서 이런 일은 이를 뽑는 것처럼 어려운 일이야. 지난주까지는 날씨가 온화했어. 어느 날 밤 강력한 동파가 있어 엔진이 파손되었어. 그래서 자동차 수리에 또 비용이 들게 되었지.

헤리엇은 차를 타고 시내로 나가서 팔에 짐을 가득 안고 돌아와. 나는 그 애가 그 모든 걸 어떻게 해내는지 모르겠어. 요즘 들어, 내 혀와 입안이 꽤 불편했지만, 지금은 조금 나아진 것 같아. [판독불가]는 벽난로 옆 그의 의자에 띠로 묶여 웅크리고 앉아 있어. 나는 네가 석유난로를 잘 받았기를 바라. 나는 종종 기계를 다루는 너의 재능이 그리워. 클레어의 타자기는 문자 T의 아랫부분이 인쇄되지 않아, 마치 +처럼 보여. 우리는 문제의 원인을 찾을 수 있지만 [판독불가] 아이가 또 다른 문제를 찾아서 고쳤어. 우리는 순전히 한국인의 기획을 따라 개최된 지방회를 위해 열흘 동안 [판독불가] 회의하고 있어. 한국에서 가장 넓은 평수의 새 교회 건물에 사람들이 너무 많이 모여서 아래층의 주일학교 교실에 확성기를 설치했는데 거기에서도 소리가 완벽하게 들렸어. 불 씨가 오셨지만, 나흘 동안 가르치시다가 병이 나셨지. 그는 일요일에 네 번 설교하시면서 힘을 다 쓰셨고 수업을 마무리하기 전에 집으로 돌아가셨어. 노회에 참석하기 위해 목사 30명, 장로 40명이 여기에 와 있어. 너무 무리하지 말렴. 월터 삼촌에게 편지가 왔는데, 몇몇 오래된 친구들을 위한 크리스마스 수표를 동봉했더구나. 삼촌은 책을 내놓을 예정이야.

사랑을 듬뿍 보내며, 아빠가.

추신 알래스카 뒤에 N.T.S를 써야 할까?

1936년 1월 17일
워싱턴, 시애틀
미국 장로교 워싱턴노회
기독교 교육위원회

사랑하는 나의 친구 브루엔에게[11]

귀하의 훌륭한 편지에 좀 더 일찍 답장해야 했는데, 이렇게 늦어졌습니다. 에밀리 포스트는[12] 아마 제 편지의 변덕스러움을 좋게 보지 않을 것입니다. 제 아내 벤보우 여사와 저는 귀하의 결혼과 새로운 출발에 진심으로 축하를 보냅니다. 두 분께 큰 기쁨과 행복이 가득하기를 기원하며, 선한 천사들이 언제나 당신의 가정을 돌봐줄 것이라 확신합니다.

우리는 알레스카 스케그웨이로 가고 있던 당신의 사랑스러운 딸과 그녀의 남편을 만나게 되어 기뻤습니다. 그들은 웨스트민스터 하우스에 머물고 있었는데 당신의 딸은 우리가 당신을 알고 있다는 사실에 매우 기뻐했습니다. 우리는 당신의 가족과 연락이 계속될 것을 기대합니다.

지금 당신이 소유하고 있는 골프채의 기증자가 누구인지 알아내는 데 있어서, 저는 시내의 한 은행가가 골프채를 모았다는 것

---

11 이 편지의 발신자는 미국 북 장로교 소속 얼 윌리엄 벤보우(Earl William Benbow, 1886~1966) 목사로 추정된다.
12 에밀리 포스트(Emily Post, 1872~1960)는 당시 미국의 유명한 에티켓 전문가로, 현대 사회에 적절한 사회적 행동과 매너에 관한 지침을 제시한 인물이다.

외에는 그 출처를 전혀 알지 못합니다. 저는 아직 그 은행가와 연락이 닿지 않았습니다. 그 남자의 이름을 기억하지 못해서 더 조사할 수 없었습니다. 당신들이 그 선물에 얼마나 감사하고 있는지 주님께서 선물을 보낸 사람에게 알게 하실 것입니다.

앞면에 김기원 목사님[13]의 사진, 뒷면에 당신의 사진이 실려 있는 "대구 골짜기에서 일하시는 하나님"이라는 소책자를 저에게 보내주셔서 정말 즐겁게 읽었습니다. 이런 자료는 선교적 비전을 생생하게 공유하는 방식입니다. 이에 매우 감사드립니다. 제가 정원 가꾸는 일을 좋아하다 보니, 당신의 사진을 보며 마치 꽃들 사이에서 계신 당신의 모습을 상상하게 됩니다. 앞으로도 희망찬 미래를 바라보며 한국과 그리스도를 위해 최선을 다해 섬기시길 바랍니다.

저희가 아직 시애틀에 있을 때 당신이 휴가를 오신다면, 벤보우 부인과 저는 브루엔 부부를 만나는 기쁨을 간절히 바라고 있습니다. 만약 이쪽으로 오시게 되면, 꼭 저희를 만나는 일정을 잡아주시겠어요?

모든 선한 소망을 담아,
진심으로.
[친필서명_판독불가]

---

13 김기원 목사는 1858년 11월 3일 경상북도 상주군 낙동면에서 태어났으며, 하디 선교사의 전도로 기독교를 받아들인 후 세례를 받고 대구 지역 최초의 기독교 신자가 되었다. 그는 평양 장로회신학교를 졸업하였고, 경산 사월교회, 대구 중앙교회, 대구 남성정교회(현 대구제일교회) 등 여러 교회에서 사역하였다.

1936년 2월 3일

사랑하는 낸에게

방금 두 번째로 멋진 눈이 내렸어. 사람들이 눈을 치우고 있단다. 얼마 전 론으로부터 온 편지에서는 너의 "제너럴 모터스 채권"에 대한 문의가 있었어. 너는 그 돈을 재투자했니? 주식 증서나 채권을 어디에 보관하고 있니? 론 삼촌에게 이에 대해 편지를 써주렴. 많은 투자금이 회수되고 있어. 나는 론에게 재투자를 부탁하며 수표를 보냈는데, 그는 나와 헤리엇을 위해 이 일을 해주었단다. 네가 원한다면 너를 위해서도 기꺼이 해줄 거야. 투자금과 이자 수익 등을 정확하게 기록해 두렴. 프레드는 연금위원회나 다른 곳을 통해서 생명보험에 가입했니? 그렇지 않다면 매년 보험료가 인상되기 때문에 빨리 가입하는 것이 좋아. 20년 만기 생명보험은 꽤 괜찮은 상품이지. 나는 그가 이미 생명보험에 가입했을 거로 생각해. 또한 너희 둘 다 유언장을 작성해야 해. 우리는 [판독불가]로 인해서 다시 유언장을 작성하고 있어. 나는 일요일에 헨더슨 씨 댁에 가서 그곳의 [판독불가] 아이들에게 이야기를 들려주었고 헨더슨 부인이 피아노를 연주하는 동안 캐서린을 안아주었어. 클레어는 가끔 가려움증을 겪고 있지만, 그 외에는 건강하단다. 그녀는 이번 주 금요일에 라이언 부인과 함께 평양에 갈 계획이야. 그녀가 병원을 찾을 때까지 그녀는 내가 여기 남아서 잘 먹고 오후에는 휴식을 취하며 지내길 원해. 이 편지가 너에게 닿기 전에 네가 소식을 들었을지도 모르겠구나. 너희보다 내가 먼저 소식을 알게 되어 유감이야.

많은 사랑과 헌신을 담아서, 아빠가.

1936년 2월 20일
평양
그다음 날!

사랑하는 나의 자녀들에게

물론 네가 오늘 소식을 들었을 것으로 예상해. 그 모든 것이 얼마나 멋진 일인지 알려주렴. 클레어는 2월 7일에 대구를 떠나 윌 블레어 댁으로 갔어. 그녀는 자신이 병원에 가서 전보를 보내겠다며 나에게 대구에 머물러 있으라고 했어. 나는 19일 오전 8시에 연락 받았고, 서둘러 9시 40분 급행열차를 탔어. 헤리엇은 치과 진료를 위해서 전날 밤 서울로 갔어. 우리가 대전에 도착했을 때 바람을 쐬려고 나가서 승강장을 걷고 있었는데 한 일본인 공무원이 다가와서 내 이름을 묻길래 '브루엔'이라고 대답했지. 그러자 그는 라이언이 보내준 전보를 건네주며 놀라운 소식을 전했지. "헨리 브루엔 2세, 오전 5시 30분 출생".

나는 헤리엇에게 편지를 썼고, 그것을 서울로 보낼 준비를 했어. 그러나 내가 밖으로 나가기 전에 흥분한 헤리엇이 나를 찾아왔어. 그 애가 나와 함께 갈 수 있어서 정말 기뻤어. 윌 블레어 부부와 도로시가 우리를 맞이해 병원에 데려다주었고, 삼십 분 후에 돌아올 것이라고 말했어. 그래서 나는 헤리엇과 함께 새로운 브루엔 가문의 새로운 왕자이자 상속자를 보러 들어갔어. 말하자면 아들이야! 그는 정말 멋진 아들이지! 푸른색이나 붉은색이 아니라 분홍빛이 도는 그저 사랑스러운 모습이었어. 그는 눈을 뜨고 하품하고 때로 소리를 지르기도 해. 헤리엇과 나는 오늘 오전에 그의 사진을 찍었어. 그는 짙은 색의 머리카락과 꽤 넓은 이마를 가지고 있단다. 그가 꺽꺽 울 때 나는 내 무릎 위에 그를 뒤집었지. 너무 일찍부터 부모의 책임을 다하는 건 아닌지 모르겠구나. 너는 헤리엇에 대해 알 필요가 있단다. 헤리엇은 책에 빠져 있는 경우를 제외하고는 꽤 훌륭한 간호사야. 정말로 클레어는 멋지게 잘 해냈어. 그녀는 18일 오후에 긴 산책을 다녀왔고, 저녁을 먹은 뒤, 9시쯤 잠자리에 들었어. 그리고 12시에 블레어 부부에게 전화해서 새벽 1시쯤 병원으로 왔어. 그녀는 오전 5시에 계단을 내려가서 분만실로 갔고, 헨리 주니어는 30분 만에 태어났단다. 클레어는 출산이 그렇게 힘들지 않았고, 통증도 매우 경미했다고 말했어. 아기와 산모 둘 다 건강해. 우리는 정말로 감사할 따름이지. 며칠 후에 치과 진료와 C.C.C 이사회가 있어. 그 이후에는 아마도 10~15일 정도 집에 돌아갔다가 클레어가 집으로 돌아올 상태가 되면 다시 [평양에] 올 것 같아. 느부갓네살의[14] 명령이 여기에 매우 위협적인 상황을 만들었어. 기도만이 해결책을 찾을 수 있는 유일한 수단이야. 편지가 검열당하기 때문에 우리는 간단히 적었어. 헨리는 모유를 먹는 중이고 [판독불가]와 그는 서로를 향해 미소를 짓고 있지만, 머리 위에는 밤낮으로 비행기 굉음이 계속되

---

14 우가키 가즈시게(宇垣一成)를 구약성서의 느부갓네살에 비유한 표현으로 보인다. 우가키 가즈시게는 1931년 8월부터 1936년 8월까지 조선 총독으로 재임하며 경제 개발과 농촌 진흥 운동을 통해 식민 지배를 강화하려는 정책을 시행하였다.

고 있구나.

클레어는 "우리 아들"이라고 말하는 게 어색하게 느껴지지 않냐고 말했어. 그리고 그녀는 만약 아기가 딸이었다면 한국 사람들은 크게 실망했을 거라고 말했어. 대구의 간호사들은 축하 전보를 보냈고, 오늘은 엑스레이 기사인 "수복이"가 보낸 편지를 받았어. 여기 있는 모든 사람이 정말 기뻐하고 있어. 정말 멋진 날이야. 나는 훨씬 더 좋아지고 있어. [판독불가] 박사가 말하길, 일주일 전에 내가 받은 혈액 검사가 한 달 전에 비해 두 배 더 좋아졌다고 해. 그래서 나는 헤리엇이 계속 웃을 수 있길 바라. 이제 점심 식사를 위해 블레어 부부의 집으로 가야 해.

두 사람 모두에게 많은 사랑을 보내. 어린 동생이 생긴 기분이 어떠니? 나는 마치 그 아이의 할아버지가 된 것 같은 기분이야. 아마도 너희가 동생을 보게 될 때쯤에는 정말 할아버지가 되어 있을지도 모르겠구나.

아기는 헤리엇 폴라드의 생일에 태어났어. 아마 그녀가 네게 소식을 전했을 거야(시카고, 일리노이주, 3110 웰링턴 [판독불가]). 아, 맞다, 블레어는 세쌍둥이를 가졌어! 아니면 윗츠가 스스로를 포함해 네쌍둥이로 셌을지도 모르겠구나. (그의 한국 이름은 "이 빕"인 거 알지?) 클레어가 말하길, 이제 남은 소원은 헨리 브루엔 주니어를 위한 조카나 조카딸을 보는 것뿐이라고 해. 헤리엇이 내 펜을 가져가더니, 펜이 다 닳자, 클레어의 펜도 가져갔어. 그래서 나는 이제 연필로 써야 해. 하지만 그녀는 우리의 사랑스런 여동생이지. 특히 이 시기에 그녀가 함께 있어서 정말 기뻐. 그녀가 너희에게 갈 때쯤이면 훌륭한 간호사가 되어 있을 거야. 다시 한 번, 많은 사랑을 보낸다.

사랑을 가득 담아서, 아빠가.
클레어와 헤리엇이 함께해.

1936년 2월 21일
평양

사랑하는 낸과 프레드에게

너희가 이 소식을 들었을 때 반응이 어땠는지 궁금해. 나는 감정을 쉽게 제어할 수 없었어. 나는 서울에 있었고, 월요일 밤에 올라가서 며칠 동안 치과 치료를 받고 주말에 아기가 태어나면 [판독불가]에 있을 거라고 예상했지.

그러나 맥 박사님이 [판독불가]로 하루를 보냈고, 내 예약이 수요일로 연기되었어. 그런데 아기가 우리 예상보다 며칠 일찍 태어난 거야. 그래서 19일 수요일 아침에 치과 진료를 마치고 간호사 숙소로 갔을 때, 거기에 전보가 와 있었어! 하지만 집에서 그걸 본 사람이 아무도 없었지! 나는 거의 허둥지둥하며 병원으로 달려가 [판독불가] 부인의 방으로 갔어. (그녀는 여기서 관찰 중이야.) 내가 워낙 그녀를 좋아하고, 또 그녀가 우리 가족처럼 느껴져서 먼저 만나게 되어 기뻤어. 물론 나는 너무 흥분해서 거의 울 뻔했어. 간호사 숙소로 돌아와 나는 로렌스 양을 만났어. 그녀도 무척 기뻐했지. 그녀는 클레어의 좋은 친구로 정말 밝고 다정한 사람이야. 나중에는 다른 간호사들과 루시 매튜스(S.F.S 교사), 플래처 부인도 왔어. 플래처 부부는 세브란스 이사회 회의에 참석하려고 올라와 있었어.

세브란스 씨가 병원을 위해 10만 달러를 남겼다는 소식이 있어. 그건 그렇고, 내가 맥 박사님에게 바로 전화를 했더니, 그는 저녁 식사 후에 금방 충치를 하나 치료해 주었어. 덕분에 나는 오후 기차를 탈 수 있었어. 나는 아빠가 기차에 타지 않았을 거로 생각했는데, 그가 나보다 먼저 전보를 받고 클레어에게 가고 있었어. 정말, 그 열차를 타고 가는 동안 얼마나 흥미진진했는지 몰라! 그날 저녁 블레어 부인, 조엘, 도트가 차로 우리를 병원까지 데려다주었어. 그리고 우리는 지금 여기 있으면서 좋은 시간을 보내고 있어.

  아기가 태어난 지 이틀하고 몇 시간이 지났는데, 클레어처럼 아기도 건강하고 기분이 좋아 보이는 것 같아. 가진통(假陣痛)은 약 5시간으로 짧았는데 갑자기 출산이 매우 빠르게 진행되어 모두가 놀랐지. 우리는 방금 아기 사진을 몇 장 찍었는데 그는 최고의 모습을 보여주지 않았어. 아기를 본 몇몇 사람들은 그가 아빠를 닮았다고 했지만, 나는 잘 모르겠어. 아마 모든 사람이 아기를 다르게 보겠지만, 나는 그의 또렷한 이목구비와 굉장히 지적인 모양의 머리, 그리고 넓은 이마에 놀랐어. 물론 그의 머리숱이 적어서 이마가 잘 보이기도 해. 그렇다고 머리숱이 아주 적다는 것은 아니야. 머리카락은 가늘고 밝은 갈색이며, 머리 위쪽으로 높이 서 있어. 그도 우리처럼 금발로 시작할 것 같아. 그는 평범한 눈, 긴 속눈썹, 아기치고 큰 코를 가지고 있지. 약간의 뭉툭한 느낌이야. 입은 낮게 자리 잡았고 [판독불가]란 표현을 쓸 만큼 사랑스러워. 턱선이 꽤 괜찮고, 귀는 얼굴에 잘 어울려.

  그는 아주 진지한 표정을 짓고 있어 (아마도 아직 잘 못 먹어서 그런지 몰라.) 정말 놀라워! 그의 지적인 머리와 이마는 사람을 긴장하게 만들고, 그의 회색빛의 파란 눈(이 잉크 색깔과 거의 비슷

해.)은 한 곳을 쳐다보지 않고 편안하게 주변을 둘러보고 있어. 그리고 인상 쓴 표정의 그 입은 그가 보는 것을 별로 대수롭게 생각하지 않는다는 인상을 줘. 그러다 그는 눈을 깜빡이며 피곤하고 혼란스러운 위대한 존재 같은 표정으로 눈을 감아버려! 만약 믿기 어렵다면 그를 한번 직접 봐야 할 걸!

나는 방금 기숙사에서 선생님들과 함께 저녁을 먹었어. 정말 자연스러운 분위기였어. 오늘 밤에는 졸업생들이 오페레타를 공연할 예정이야. 내일(토요일) 아빠와 나는 헨더슨의 아이들과 로렌을 데리고 미니카이에서 점심을 "대접"할 생각이고, 만일 괜찮은 낮 공연이 있다면 보러 갈지도 몰라. 어디선가 [판독불가] 포스터를 본 기억이 나거든.

내가 남동생에 관한 이야기를 편지에서 너무 많이 쓴 걸까? 우리는 아직도 그를 뭐라고 부를지 결정하지 않았어. 그냥 "그" 혹은 "그 애"라고 부르고 있지. 하지만 우리는 "헨리"보다는 "해리"로 부르는 것이 더 좋을 것 같아. 좀 혼란스러울 수 있지만, 아마 "해리"라고 부르게 될 것 같아.

많은 사랑을 담아서,

헤리엇, 해리, 조.

1936년 3월 7일
한국, 대구

사랑하는 낸과 프레드에게

　나는 최근에 너희들 소식을 듣지 못했어. 너희 모두 추위를 잘 이겨 내기 바라. 이곳은 정말 추웠지만, 오늘은 조금 누그러졌어. 클레어와 헨리는 아직 평양에 있어. 헨리의 출산소식을 너희에게 썼는데 모든 일이 놀랍도록 순조롭게 진행되었어. 짧았던 진통은 심하지 않았고, 아기는 건강해. 헨리는 생후 3일째부터 모유를 먹을 수 있었어. 매일 나는 [판독불가]로 "모두 괜찮아. 착한 아기는 밤 11시부터 오전 11시까지 잤어요."와 같은 소식을 듣고 있어. 정말 감사한 일이지. 나는 일주일 전에 C.C.C. 이사회와 치과 진료를 위해 평양을 떠나 집에 왔고 다시 평양으로 올라가서, 가족들을 데리고 목요일에 돌아올 계획이야. 혈액 검사를 다시 받았는데 의사는 내가 괜찮아지고 있고, 4월 1일쯤이면 다시 출근할 수 있을 거라고 말했어. 정말 감사할 따름이지. 분명히 입안 상태는 빈혈이나 간과 관련 있는 것 같아. 그래서 간 추출물, 시금치, 덜 익힌 소고기 요리, 오전 11시에는 [판독불가], 그리고 오후 3시 30분에는 소고기, 주스, 에그노그를 챙겨 먹으니, 상태가 훨씬 좋아졌단다. 나는 몸이 충분히 회복될 때까지 무리하지 않고 천천히 일을 시작하려고 해. 나는 숭실전문학교 남학생 졸업식에 참석했어. 블레어가 나를 대신해서 교장을 맡았지. 처음에는 86명이 등록했지만, 2개월 후 75명으로 감소했어. 그중 8명이 졸업했고, [판독불가] 중 내가 지도한 학생이 4~5명이었어. 이들 중 두 명은 몇 달간 특별설교를 하기 위해 두 교회에 재빨리 부임했어. "너의 자녀들 중에 우리가 아버지께 받은 계명대로 진리를 행하는 자를 내가 보니 심히 기쁘도다."(요한이서 1:4)라고 사도 요한은 말했어. 나는 그 말씀에 동의해. [판독불가]는 가족들을 보면 기뻐할 거야. 하지만 브루엔 주니어가 [판독불가] 할 때 그녀가 어떻게 생각할지 모르겠구나. 네가 그를 봤으면 좋겠어. 그는 정말 완벽하고 사랑스러운 아이야.

하나님의 축복이 너희 둘에게 임하길,
언제나처럼 많은 사랑을 담아서,
아빠가.

편지 옆으로 추가된 내용
어떤 여성이 나에게 말하길, 당신 아내의 서명이 [판독불가]가 있는 내 은행에 등록되어 있어야 한다고 하더구나. 그렇게 하면 많은 불편을 피할 수 있을 거야. 프레드에게도 동일하게 적용된다고 생각해.

1936년 3월 16일
한국, 대구

사랑하는 낸과 프레드에게

우리가 너희의 소식을 들은 지 오래된 것 같구나. 오늘은 월요일이기 때문에 종일 외국에서 온 우편을 기다리고 있지만 알래스카에서 온 소식은 없어. 나는 너희가 아프지 않기를 간절히 바란다. 다음 우편에서는 꼭 소식 듣길 기대할게. 그동안 우리는 멋진 일을 경험했어. 클레어는 2월 7일에 평양으로 갔어. 헨리 왕자는 2월 19일에 태어났지. 클레어는 그날 새벽 1시에 병원에 도착했고, 아기는 새벽 5시 30분 태어났어. 헤리엇과 나는 그녀가 병원 갔다는 것만 알고 새벽 급행열차를 타고 급히 서둘러 갔는데, 이미 아기가 태어난 상태였어. 둘 다 아주 건강해. 나는 4~5일 후에 집으로 돌아가 3월 9일까지 머물렀어. 그런 다음 서울로 갔다가 거기에서 11일에 평양으로 이동하고 12일에 떠나 13일 금요일에 대구에 도착했지. 그날은 [판독불가] 위원회 기도 달력에 따라 우리를 위해 기도하는 날이었어. 밤새 고요해서 잠을 푹 잤지. 헤리엇은 하루 앞서 내려가서 우리를 펠릭스와 함께 맞이했어. 모두 잘 지내고 있단다. 헤리엇은 간호학을 배우고 있어. 아기의 눈은 파랗고 머리카락은 적갈색이야. 클레어는 아버지가 돌아가셨다는 안타까운 소식을 들었지. 그래서 그녀는 많이 힘들어하고 있어. 나는 3개월 동안 [판독불가] 구강 질환을 겪었고, 이제는 훨씬 나아졌어. 나는 아직도 식

후에 알약과 치료용 염산 10방울을 복용하고 있고, 4월 1일부터는 일을 시작할 수 있을 것 같구나. 정말 감사한 일이야. 너의 삼촌 에드로부터 온 소식은 정말 안타깝구나. 그는 안나가 아프고 [판독 불가]가 다시 문제를 일으킨다고 하더구나. 불운한 사람, 정말로 고생하고 있어. 그분과 우리에게 편지를 써주렴.

사랑하는 아빠가.

1936년 9월 1일
집에서

사랑하는 낸과 프레드에게

우리는 너희들의 소식을 듣기 위해 매일 기도하고, 지난 몇 달 동안 우체부를 쫓아다녔어. 왜냐하면 네가 포인트 배로우로 간다는 편지를 보낸 이후 어떤 소식도 듣지 못했기 때문이야. 그러나 우리는 에드 삼촌과 론을 통해, 그들이 다코타의 심한 폭염 속에서 너희 소식을 들었다는 이야기를 전해 들었단다. 우리는 어제 네가 [판독불가] 포인트 배로우로 향하는 전날에 쓴 편지를 받았고, 너희의 근황을 알게 되어 정말 감사했어. 너의 사고에 대해서는 안타깝구나. 그러나 네가 가진 모든 열정을 생각하면 놀랄 일은 아니지. 다시 그런 일이 생기지 않도록, 앞으로는 정말 조심해야 해. 어디서부터 이야기를 시작해야 할지 모르겠네. 우리는 소래에서 정말 멋진 여름을 보냈어. 모두가 너의 동생에 대해서 아주 좋은 말을 했지. 언더우드 부인은 "그의 짙은 속눈썹을 자르지 않으면 어떤 소녀가 그것을 가져가 버릴지도 몰라요."라고 말했어. 그는 6개월 동안 체중이 2.7kg에서 8.6kg으로 세 배나 늘었어. 그는 우리에게 큰 기쁨이야. 우리는 사리원[역]으로 가서 오전 11시 25분에 출발하는 열차를 타고 같은 날 오후 8시 40분에 대구에 도착할 계획이었어. 출발 시간을 맞추기 위해서 우리는 새벽 4시에 일어났지. 그런데 자동차가 늦게 도착하는 바람에 기차를 놓쳤고, 결국 해구로 가게 되었어.

우리가 타려고 했던 열차는 마지막으로 그곳을 지나간 열차였지 뭐야. 우리는 서울에서 4시간, 대전에서 13시간, 김천에서 7시간 그리고 다음 역에서 6시간을 보냈지. 서울에서 대구까지 총 1박 2일이나 걸린 셈이야. 비가 한 달 동안 계속되어 물이 온 땅을 덮었어. 말하자면, 나는 영국인 부부와 아이 셋이 부산으로 바로 갈 수 없어서 우리 집에 머물도록 초대했어. 그들은 정말 좋은 사람들이었고, 우리의 초대를 매우 고맙게 여겼던 것 같아. 그들은 부산으로 가는 직항 노선이 다시 개통된 일요일까지 우리와 함께 머물렀어. 어제, 화요일에 휴가 중인 사람들이 돌아와서 몇 년 만에 처음으로 선교기지가 꽉 찼어. 폴라드 양, 아담스, 로이드 부인, 핸더슨 가족, 그리고 클래리언스 가족이 곧 도착할거야. 폴라드 양은 아이들을 가르칠 친구를 함께 데려왔어. 아담스 가족은 우리와 함께 있고 모두 잘 지내고 있어. 잭 A., 딕-H, 베티, 앤, 도로시, 로이드, 핸더슨 부인은 야간열차를 탈 예정이야. 우리는 끔찍한 홍수를 겪었고 어제와 오늘도 많은 비가 내려서 그들이 무사히 도착했다는 소식을 들을 때까지 마음이 놓이지 않는구나. 클로더 가족과 메켄지 양(모두 좋지 않았음), 그리고 아담스 가족(3명)은 모두 화요일 오후 5시에 이곳에서 차로 안동으로 출발했어. 그것은 정말 위험한 시도였지. 플래처 가족의 휴가가 지금 예정돼 있지만, 1년 이상 미루거나 언제든지 떠날 수도 있어. 그들 모두 휴식이 필요한 상황이야. 그들은 삭년에 소래에서 단지 2주 동안 [판독불가] 휴가를 보냈이. 요리시들, 특사들, 그리고 클락 가족들은 영사관에 의해 [판독불가] 시행 명령을 받아서 돌아갈 수 없어. 새로운 선교사인 브루스 헌트, 바이런 박사와 그리고 다른 3명은 만주에서 사역을 시작할 것 같아.

네드가 트럭을 가져왔고, 천막 전도사역에 도움을 주기 위해 [판독불가]와 [판독불가]를 구할지도 몰라. 우리가 언제 어디서 소식을 접할지 알 수 없으니 곧바로 답장을 써주렴. 나는 네가 시애틀이나 스카그웨이에 라디오로 소식을 전할 수 있으면 좋겠어. 거기에 [판독불가]가 있는 걸 생각하면, 네가 우리에게 소식을 전달할 수 있는 누군가를 찾아보는 것도 일종의 방법이야. 우리는 새로운 사명을 맡게 된 너를 생각하며 헤아릴 수 없는 많은 질문의 답을 기다리고 있어. 수 아담스는 J.R.A 부인이 프레드의 어머니가 얼마나 훌륭한 분이셨는지 매우 친절하게 말씀하셨다고 전해주었어. 네가 그런 방문을 하게 되어 정말 기뻐.

이제 저녁 먹을 시간이야. 하나님의 축복이 우리 소중한 개척자 브루엔 가족들과 함께하길 바라.

헌신을 담아서, 아빠가.

추신 여기 에스키모 형제와 자매를 보고 있는 동생이 있어. 정말 귀엽지 않니? 우리는 그저 앉아서 이 기적을 바라보고 있을 뿐이야. 너도 그렇게 생각하지 않니? 지난 열흘 동안 폭풍과 비는 상상을 초월한 피해를 줬어. 특히 우리가 서울을 떠나 [J.K]로 향한 8월 27일부터 시작된 폭우로 수백, 수천 명이 목숨을 잃었고, 더 많은 사람이 집과 농작물, 밭을 잃었어. 우리의 손님들을 떠났고, 네드와 수도 자기 집으로 돌아갔어. 내일 나는 시골 교회로 가는데, 톰슨 박사와 동행할 거야. 그분의 딸은 나와 여기에서 교사가 될 거야.

1936년 9월 21일
한국, 대구

사랑하는 나의 용감한 자녀들에게

우리는 너희 생각을 자주 생각하는데 너희가 정말 멀리 있는 것처럼 느껴져. 아마 너희 스스로는 그렇게 느끼지 않을 수도 있겠지만, 모든 사람이 "포인트 배로우"라는 말을 들으면 숨이 넘어갈 정도로 놀란단다. 최근 몇 년 동안 그곳이 신문에 몇 차례나 눈에 띄게 언급되고 일부 기사로 다뤄졌다는 것은 정말 멋진 일이야. 몇 편의 글이 실리기도 했고, 물론 "[판독불가] 그리스도께"라는 글도 널리 읽혔어. [판독불가] 윌 로저스와 그의 동반자가 다시 한번 그것을 대중 앞에 가져왔단다. 편지를 어디서부터 시작해야 할지 모르겠구나. 우리는 너희가 있는 포인트 배로우에 몇 차례 편지를 보냈는데, 아마도 그것들이 너희에게 [판독불가]와 함께 전달되었을 거야. 우리는 몇 달간의 침묵 후에 겨우 한 통의 편지를 너희로부터 받은 뒤로 더 많은 소식을 간절히 기다리고 있어. 그 편지는 네가 [판독불가] 근처 준산에 있을 때 쓴 것 같은데 그것으로 우리가 크게 안심할 수 있었단다. 나는 너희가 놈에서 어떤 소식을 보냈을지도 모른다고 생각했는데, 그것은 포인트 배로우에서보다 더 빨리 우리에게 도착할 수 있었을 거야. 나는 [판독불가] 여사에 대해 말하려고 해. 해외선교위원회의 유일한 여성 현장 책임자가 여기 있었어. 그녀가 말하길 오하이오 영스타운에 거주하는 장로회 회장 맥콘넬 여사가 윌 로저스 여사에게 편지를 썼다고 말했어. 맥콘넬 여사는 매우 부유한 윌 로저스 여사에게 남편을 추모하는 의미로 포인트 배로우의 [판독불가] 아이들을 돕는 데 백만 달러 정도를 기부하라고 제안했대. 그리고 윌 로저스 여사가 이를 호의적으로 받아들이고 검토 중이라고 했어. 그것은 너희에게 정말 큰 축복이 될 수 있겠지만, 그것을 사용하는 데는 큰 지혜가 필요할 거야. 지원을 하지 말자는 뜻은 아니야. 이로 하여금 틀림없이 너희는 젊고 유망한 미래 지도자들을 양성하거나, 의미 있는 청사진을 그리는 데 활용할 수 있다고 생각해. 나는 이 일이 잘 진행되길 바란다. 어쩌면 내가 직접 윌 로저스 여사에게 편지를 써볼지 생각 중이야. 그리고 듀굿 여사는 매력적인 젊은 여성이 나에게 안부를 전했다고 말했어. 그 여성은 애슐리의 거트루드 스웹이야. 그녀는 내 결혼식에 참석했었는데, 내 생각엔 그녀가 먼 친척인 것 같아. 그녀는 훌륭한 사업가이자 장로회의 회장이야. 그녀의 집은 언제나 선교사들에게 열려 있고, 시간과 돈을 아주 후하게 나누어주고 있어. 혹시 그녀를 만난 적 있니? 나는 그녀에게 편지를 쓰려고 해. 우리는 [판독불가]에서 긴 여름을 보냈어. 클레어가 너희에게 동생 사진 몇 장을 보냈을 거야. 정말 멋지지 않아? 모두 그가 완벽한 아기라고 말해. 믿을 수 있겠니? 나는 지난 10일 동안 노회 대표로 광주에서 열린 총회에 참석하고 토요일 정오에 막 돌아왔어. 어제는 김천에 갔다가 밤늦게 돌아왔고, 내일은 8일간 순회 전도를 나가야 해서 정신없이 바쁘구나. 그런데 헨리가 깨어날 때까지 짐을 쌀 수가 없어. 며칠 전, 7개월 된 헨리의 몸무게가 9kg이나 됐어.

클레어는 낸의 오래된 편지들을 몇 장 찾아냈어. 1900년에 내가 이곳에 온 후, 고국으로 돌아가 결혼하기 전에 쓴 편지 몇 장이 있어. 정말 멋져. 그녀는 정말 대단한 여성이었지. 챔니스 가족은 미첼 부인, 그러니깐 헬렌의 어머니와 함께 돌아왔어. 클레어의 안식년은 1937년에 예정되어 있고, 내 안식년은 1939년이야. 하지만 안식년을 1938년에 나눠서 갈지 생각 중이야. 너희를 만날 가능성이 있을까? 만약 그럴 수 있다면 우리는 1939년까지 [판독불가]를 기다릴지도 몰라. 그녀는 정말 멋진 시간을 보냈고 지금은 파리에 있어. 우리의 작은 여동생이 자기만의 기회를 누리고 있다는 것이 정말 기뻐. 이는 그녀의 삶 전체에 걸쳐 큰 영감과 가치가 될 거야. 박태준은 프린스턴의 웨스트민스터 합창 음악학교를 4년 만에 마치고 돌아왔어.

너희 두 사람에게 많은 사랑을 보내.
민수기 6:24-26으로 축복해.
헌신을 담아서, 아빠가.
사랑해.

1936년 9월 30일
기차 안에서,
집으로 가는 중

사랑하는 낸과 프레드에게

    나는 8일 동안 밖에 있었는데 날씨는 좋기도 하고 [판독불가] 였지. 지난 삼 개월 동안 많은 비가 내려 농작물, 논밭, 집들이 심각하게 파괴되었고 많은 사람이 익사했어. 이러한 재난과 절박한 필요를 직시해야 하는 상황 속에서, 안전한 집과 안정적인 수입을 누린다는 것이 이기적인 것처럼 느껴지기도 해. 우리는 지금까지 150엔을 기부했지만, 여전히 도움 요청이 계속 있어서 거의 [판독불가]한 상황이야. 그래도 우리가 할 수 있는 일을 기꺼이 할 수 있음에 정말 감사하고 있어. 김천교회는 빠르게 성장했지만, 최근에 매우 불행한 일을 겪었어. 도시 당국과 경찰이 홍수로 피해를 본 600명의 이재민을 임시로 수용하기 위해 교회를 개방해 달라고 요청했어. 처음에는 당회와 교회 임원들이 이를 승인했지만, 나중에 목사가 이 문제를 교인들의 투표에 부치는 것이 좋겠다고 판단했어. 투표 결과, 교회를 개방하면 안 된다는 결론이 나왔어. 이것은 큰 실수였어. 만약 교회를 개방했다면, 당국의 좋은 관계를 쌓을 수 있었을 뿐만 아니라, 그곳에 있는 600명에게 복음을 전할 훌륭한 기회가 되었을 거야. 처음에 승인된 결정이 철회되자, 그것이 [판독불가]를 초래했어. 교회를 심하게 비판한 몇몇 신문 기사가 있었지. 결국 목사와 전도부인이 사임하게 되었고, 우리가 새로운 목사를 청빙할 때까지 내가 이 문제를 맡아야 할 것 같아. 그 목사님은 정말 훌륭한 분이셨고, [판독불가]를 통해 교인들을 [판독불가]하고 교회 건물의 규모를 두 배로 늘렸기에 이번 실수는 정말 안타깝게 느껴져. 나는 교회 건물을 숙소로 쓰고 있어. 아직 날씨가 춥지 않아서 신선한 공기와 [판독불가]가 참 좋게 느껴져. 집에서 이틀 반 정도 머물고 나면 다시 8~10일간 나가야 해. 추워지기 전에 이렇게 다닐 수 있어서 다행이야. 10월 1일에는 젊은 여성들을 위한 성경반([15세-[판독불가]세 대상)이 개강하고, 로이드 헨더슨 여사가 이를 맡게 돼. 쿡 부인도 도움을 줄 거야. [판독불가]는 천막 전도에서 빌 라이언과 나를 도울 거야. 오랜만에 우리 선교기지의 모든 회원이 한자리에 모였어. [판독불가]의 시어머니도 여기에 계시고, 폴라드 양의 친구도 와 있는데, 그녀는 선교 지부의 아이들을 가르치고 있어. 너희가 동생을 볼 수 있다면 좋을 텐데. 매주 얼마나 달라지는지 눈에 띄게 보여. 그는 정말 빠르게 성장하고 있어. 클레어는 그에게 온 마음을 쏟고 있지. 물론 그를 어떻게 먹이고 돌봐야 하는지도 잘 알고 있어. 그는 우리에게 큰 기쁨이야. 정말 감사한 일이야. 창밖을 보니 한 가운데 기둥이 세워져 있고, 네 귀퉁이에는 짚으로 만든 밧줄이 연결된 밭이 보여. 기둥 근처에는 녹슨 깡통이 하나 있단다. 아이 하나가 밧줄 하나를 흔들면 줄이 모두 흔들리면서 깡통 소리에 참새들이 달아난단다. 포인트 배로우에서는 그런 게 필요 없겠지. 너희 삼촌 에드가 정말 가슴 아픈 편지를 썼어. 그 불쌍한 삼촌은 정말 힘든 시간을 보낸 것 같아. 푸니는 매리언과 함께 밖에 나가 긴 하지만, 완전히 낙담한 것처럼 보여. 그는 파리에서 편지 다섯 통을 썼는데, 이런 경험이 그녀에게 평생 도움이 될 거야. 생각해 보렴, 내 사랑하는 자녀들이 얼마나 멀리 가정의 둥지로부터 날아 갔는지. 너희는 여기 있는 우리보다 훨씬 더 답답하겠지? 너희가 도착한 후 소식을 보내 주면 우리는 정말 기쁠 것 같아.

네 여동생의 편지 몇 통을 동봉했어. 너의 남동생과 클레어는 잘 지내고 있어. 그는 이제 기어 다니기 시작했고, 우유뿐만 아니라 닭고기, 시금치, 토스트, 달걀도 먹어. 이제 컵으로 우유를 마시기 시작했어. 정말 사랑스런 아이야.

너희 두 사람에게 많은 사랑을 보내.
헌신을 담아서, 너희 아빠가.

1936년 10월 13일
집에서

사랑하는 큰딸에게

    단지 일 년에 편지가 세 번밖에 오가지 않으니 미리 준비하는 것이 쉽지 않구나. 그런데 클레어가 나에게 이 편지를 건네주면서 생일 축하 인사를 시작하는 것이 절대 이르지 않다고 하더구나. 네가 이 편지를 언제 받게 될지 몰라서 꽤 멀게 느껴지지만 1937년 2월 1일 전에 네가 받길 바란다. 네가 이 세상에 태어난 날은 정말 멋진 날이었지. 우리가 결혼한 지 3년이 되었을 때, 우리는 귀여운 아기를 안게 되는 기쁨을 누리지 못할까 봐 가끔 염려했단다. 그런데 너는 우리 품에 온 가장 소중한 선물이었고, 그 어떤 세관에서도 관세를 물릴 수 없는 소중한 존재였지. 너는 분명히 우리에게 큰 기쁨을 줬고, 그 이후로도 변함없는 우리의 기쁨이란다. 이제 "생일을 맞아 행복한 날이 많기"를 진심으로 기원한단다. 프레드의 생일이 언제인지, 몇 년도에 태어났는지도 나에게 알려주렴. 너희가 어떻게 생일을 축하할지 궁금하구나. 혹시 썰매 택시를 불러서 마을로 나가 음료수라도 마실 수 있니? 아마도 고래 고기, 바다코끼리 고기, 또는 순록 구이가 칠면조를 대신할지도 모르겠구나. 하나님께서 너희를 축복하시기를 바란다. 너희가 너무 멀리 떨어져 있는 것 같지만, 우리 모두 하나님의 선하신 손길과 돌보심 안에 있단다. 너의 소식을 들으면 우리는 얼마나 기쁠까. 아기는 확실히 [판독불가]의 힘을 갖고 있어. 그의 발은 마치 경주 중인 것처럼 움직인단다. 그는 정말 사랑스러운 아기야. 클레어는 훌륭한 간호사이자 엄마이기도 해.

많은 사랑을 너와 프레드에게 보내며.

1936년 10월 25일
파리 5번지 9번가

소중한 가족들에게

　아빠! 생신을 하루 앞두고 미리 축하해요! 하지만 아빠가 이 편지를 받을 때쯤이면 이미 한참 지났겠죠. 그런데 저는 아빠를 위해 아무것도 사지 못했어요. 저는 정말로 세상에서 제일 못난 딸입니다. 시간이 정말 빨리 흘러가고 있어요. 특히 요즘에는 일주일에 삼 일은 오후 일정이 꽉 차 있어요. 모든 것이 즐겁긴 하지만, 시간이 어떻게 가는지 모르겠어요! 네, 생일에 보내주신 수표를 잘 받았어요. 그리고 이번 주에는 10월 1일에 발행된 50달러짜리 수표를 또 받았어요. 정말 감사드려요. 어떻게 감사의 말씀을 드려야 할지 모르겠어요. 이 수표들은 은행에 보내려고 해요. 지금은 여기에 있는 수표로도 생활비가 충분하거든요. 제가 인출한 200달러는 환율 변동으로 4,252프랑이 되었어요. 최대한 빨리 제 계좌를 정리해서 정산 내용을 알려드릴게요.
　엄마! 보내주신 우표도 잘 받았어요. 저는 그것들을 주일학교 교실에 두고 잭 노리스에게도 줄 거예요. 저는 그것들을 자코프에게도 주었어요. 왜냐하면 저는 그들에게 많은 빚을 졌기 때문이에요. 정말 감시히죠. 그리고 중이도 잘 받았습니다. 고맙습니다. 그리고 무엇보다 아기 사진을 보내 주셔서 감사해요. 정말 사랑스럽고 귀엽네요!

아빠의 편지가 노리스 가족에게 오고 있다 보니, [판독불가] 부인이 학교에서 저에게 그것을 가져다주세요. 그녀는 그것으로 저를 깜짝 놀라게 하는 것을 즐기는 것 같아요. 그리고 크리스티앙은 우리 귀여운 아기에 대해 또 다른 이름을 붙였어요. 바로 '버나드'입니다. 이것이 마음에 드세요? 그녀는 '버나드'란 이름의 아기를 만났는데 그 후로 모든 아기를 '버나드'라고 부르고 있어요. 하지만 노부인은 저를 그렇게 부르진 않아요. 왜냐하면 가족들이 헤리엇이라는 이름을 버리도록 만들 수 없었으니까요. 대신 그녀는 저를 부를 때 아무 이름도 쓰지 않는데, 저로서는 그게 편하네요. 그녀는 딸이 하는 모든 일에서 결점을 찾아내고 사람들 앞에서 심하게 딸을 꾸짖는 공포의 대상이에요. 또 아이들에게는 마치 마녀 같아요. 일요일마다 노부인의 스코틀랜드계 시누이 두 명이 차를 마시러 옵니다. 그들은 파리에 살고 있어요. 그들이 오면 노부인은 자신의 방에 틀어박혀 있습니다. 그리고 고모들은 크리스티앙에게 불쌍한 그녀의 귀여운 아이를 사랑하지 않는다고 말해요. 노부인은 순교자 같은 존재이지만, 당하고만 있지 않아요. 그녀는 현장 학습을 위해 시누이들과 베르사유로 향했어요. 그날은 밝고 고요한 날이었고, 숲은 온통 금색, 호박색, 갈색으로 물들어 있었어요. 저는 그곳에서 몇몇 신입생들을 알게 되었는데, 그중에는 겸손하고 친절한 성격의 체코 친구가 있어요. 그는 사람을 가리지 않고 사귀어요. 그는 엔지니어이자 아마추어 기자이자 피아니스트로도 활동하고 있어요. 그는 영문학 야간 과정을 이수할 만큼 영어에도 능숙해요. 우리는 점심시간에 영어로 대화했어요. 그래서 화요일 오후에 그와 데이트 할 좋은 이유가 생긴 것 같지 않나요?

  이번 학기에는 월요일과 화요일 수업이 없어요. 제가 소르본 대학의 음성학 연구소에서 매주 한 시간씩 수업을 듣기로 했다는 말씀을 드렸나요? 그곳은 미국에서도 높은 평가를 받는다고 해요. 그리고 만약 제가 2월 말까지 머물러서 시험을 통과하면 [판독불가] 제휴 학위와 함께 그곳에서 증서를 받을 수 있다고 해요. 저는 그것이 소르본에서 1년짜리 필수 교직 과정을 듣는 것보다 더 낫다고 생각해요. 교직 과정은 이미 끝났고, 여전히 [판독불가] 아이들과 함께 지내야 해요. 그들과 파울레트 그리고 저는 그녀를 끔찍이 좋아해요. 파울레트는 알제리 출신의 프랑스 학생으로, 아주 똑똑하고 친절해요. 저는 그녀와 함께 오전에 "보바리 부인" 공연을 보러 갔어요. 정말 멋진 공연이었어요. 결코 잊지 못할 거예요.

  저는 할로윈 파티를 두 번 다녀왔어요. 한번은 교회 청년부 파티였는데, 진부하고 딱딱했어요. 다른 하나는 주일학교 파티였는데, 역시 진부했지만 그래도 나름 즐거웠어요. 클레어, 당신이 보내 준 녹색 점이 있는 흰 드레스를 입고, 초록색 띠와 리본을 머리 위에 올렸더니 사람들은 저를 열두 살 아이로 보았죠. 저는 집에서 빨간 사과를 가져왔고 다음 날 아침에 아이들을 위해서 호박등을 만들었어요. 올리버도 그것을 좋아해서 또 다른 하나를 만들었고, 우리는 저녁에 호박등에 촛불을 넣었어요. [판독불가]는 부엌에 와서 감탄했지만, 노부인은 냉소적으로 "얘네들은 항상 자기들끼리 재미있게 놀고 있네"라고 말했어요. 우리의 멋진 가을날은 고대 프랑스어를 공부하느라 매우 경직돼서 요즘 날씨와 어울리지 않네요. 저는 소턴 씨에게 편지를 썼지만, 다른 편지들도 보내야 해요.

리즈가 프린스턴에 있는 웨스트민스터 음대를 다니고 있는데 아주 만족해한다고 들었어요.

쿡 가족이 한동안 대구에 있어서 정말 기쁘네요. 그들은 누구와 함께 머물고 있나요? 저의 안부를 그들과 선교기지의 다른 분들에게도 전해주세요. 어느 날 밤에 블레어 여사가 수지와 [판독불가]를 만나러 여기에 온 꿈을 꾸었는데, 정말 아름다운 꿈이었어요!

여러분 모두를 위한 사랑을 담아서,
헤리엇 올림.

추신 제가 모직 정장의 검은색 재킷을 달라고 한 적이 있지 않나요? 그것을 아직 전달받지 못했어요. 어떻게 재킷을 두고 치마만 가져왔을까요? 그리고 콧물을 닦고 화장을 지울 때 필요한 부드러운 손수건 한두 장이 필요해요. 프랑스 손수건은 천으로 감싸져 있고 레이스로 된 테두리가 있어서 정말 비싸요. 또한 제 한복도 아직 가지고 있으시면 보내주세요. 그리고 한국 시골 교회의 모습이 담겨 있는 벽걸이 달력도 하나 보내주시면 좋겠어요. 주일학교에서 [아이들에게] 보여주고 싶어요.
사랑스러운 당신을 위해.

1936년 11월 28일

펜실베니아
필라델피아, 저먼타운
웨스트 스태포트 스트리트 418번지

사랑하는 해리에게

    동봉된 수표에 기재된 금액을 나의 첫 번째 한국인 친구이자 스승인 박영조 목사[15]에게 전달해 주실 수 있을까요? 그리고 우연히 당신이 다시 저에게 편지를 보내실 때 그분에 대한 소식을 전해 주시기를 바랍니다. 제가 작년에도 기념 선물을 그에게 보냈지만, 연락이 없었습니다. 그분에게 제 주소를 보내주시고, 언젠간 그에게서 편지를 받게 된다면 정말 감사할 거라고 전해주세요. 만일 그가 한글로 편지를 써주시면, 제가 지금도 그 뜻을 어느 정도 해석할 수 있을지 모르겠네요.

    크리스마스가 빠르게 다가오고 있습니다. 우리는 평소처럼 집에 사람들이 가득할 것으로 기대하고 있으며, 또한 우리 조카 라일라 바르가 19일에 허먼 프롭스트에와 결혼하게 되어 더욱 바쁜 날을

---

15 경북 김천 출신의 목회자이자 독립운동가로, 본명은 박내영(朴來英)이다. 1915년 평양신학교를 졸업한 후, 김천 황금동교회에서 목회를 시작하였다. 1918년 도동리교회(현 경주제일교회) 목사로 부임하여 활동을 이어갔다. 박내영은 경상노회에서 경북노회가 분립될 당시 초대 경북노회장으로 선출되었다. 그의 활동은 목회에 그치지 않았고, 독립운동에도 깊이 관여하였다. 참고. 디지털김천문화대전 홈페이지 https://gimcheon.grandculture.net/gimcheon/toc/GC03200904?search=D3/3.

보내고 있습니다. 허먼 프롭스트는 지난 일 년 동안 우리와 함께 살아온 아프리카 선교사 출신 소년입니다. 그리고 윈이 허먼의 여동생에게 마음이 있어 보입니다. 최소한 그들은 약혼한 상태입니다.

원은 근본주의자들에 의해 분열된 교회를 지키고 있으며, 아마도 겨울 내내 그 일을 계속할 것입니다.

리브는 저먼타운 병원에서 인턴으로, 매조리는 뉴욕의 신학교에 있고, 매리는 머리 뒤쪽을 파마해서 매우 성숙해 보입니다.

아마도 낸과 프레드는 화이트 크리스마스를 보내고 있을 거예요. 그들은 정말 용감한 사람들입니다. 저라면 그 어둠 속에서 6개월이나 살 수 없을 것 같습니다. 숨이 막힐 정도로 답답할 것 같아요! 당신의 아내와 제가 암암리에 편지를 주고받고 있다는 것을 당신이 알고 있는지 모르겠지만, 그녀에게 그 일이 처리되었다고 전해 주시겠어요? 그리고 절대 어떤 질문도 하지 마세요.

오늘 필라델피아는 미식축구 경기를 보기 위한 육군과 해군 팬들로 가득 차 있습니다. 경기는 필라 스타디움에서 열릴 예정이고 102,000명이 참석할 것으로 예상됩니다. 내일 101,000명이 폐렴에 걸릴 것 같습니다. 차갑고 매서운 날씨에 언제라도 큰 눈이 내릴 것 같은 분위기이기 때문이죠.

사랑을 담아 인사드려요.[판독불가]

추수감사절 저녁 식사: 우리 가족과 메리 & 홀다 진 먼로, 헬렌 번하이셀, 짐 크로더스, 어치 매더.

추신 오늘 오후 해군이 7-0으로 이겼습니다.

1936년 12월 6일

사랑하는 자녀들에게

이 편지는 낸, 프레드, 그리고 헤리엇에 대한 이야기란다. 집을 떠나 먼 길로 갔지만 하나님께서 보여주신 길을 따라 세상을 위해 각자 맡은 바 사명을 다하고 있구나. 우리는 너희가 자랑스럽고 하나님의 은총이 너희의 가장 소중한 자산이 되길 기원해. 지금은 일요일 밤이야. 클레어와 나는 벽난로 옆에서 책을 읽고 있었고, 잠자리에 들기 전에 사랑하는 가족들과 이야기를 나누고 싶었어. 해리슨[16]은 그가 있을 때마다 주인공이 된단다. 그는 정말 사랑스러워. 저녁 식사 후 나는 그에게 젖병을 주었고, 클레어는 "죽"과 으깬 당근을 챙겨줬어. 그는 작은 숟가락으로 음식을 먹는데 대구 간유를 정말 좋아해서 그것을 아침, 저녁으로 먹지. 요즘엔 체중이 많이 늘지 않았지만, 이제 10kg이 되면서 아주 건강해 보인단다. 그는 코를 찡그리고 입을 벌리고 너희 얼굴에 달려들어 뽀뽀한단다. 그는 너희가 사용하던 쟁반이 달린 오래된 높은 의자에 몇 시간 동안 앉아 있어. 또한 그는 바닥을 기어다니는 것을 좋아하는데, 집에서는 "아기"답게 아주 정신없이 돌아다니고 있어. 덕분에 하인들은 더 바빠졌지만 말이야. 남성 성경반 수업은 오늘 밤에 끝난단다. 2주 전에 그들은 경주에서 "겅동"이라 불리는 새

---

[16] 브루엔의 아들을 가리킨다.

로운 노회 설립을 축하했지. "경"은 경상도를 뜻하고 "동"은 동쪽을 의미해. 우리 모두 노회 설립 축하 행사에 참석했단다. 이번 주에는 그곳에서 별도의 수업이 진행되고 있어서 이곳에는 평소보다 사람이 적었지만, 수업은 그대로 진행되고 있어. 나는 1월에 성경반에서 이사야, 에스겔, 로마서, 요한복음을 가르칠 예정이야. 나는 요한복음 20장 31절에 기록된 요한복음의 목적을 이해하기 위해 노력하며, 각 장이 그 사상에 어떻게 기여를 했는지 살펴보고 있어. 클레어는 낸의 오래전 편지들을 열심히 읽고 있단다. 그것 중 많은 것들이 1900년부터 시작되는데 너희들이 태어나고 성장했던 이야기를 등을 다루고 있어. 그녀는 정말로 사랑스럽고 훌륭한 여성이었지. 그녀가 '그녀의 자녀들'을 얼마나 사랑했는지 모든 편지에서 드러나고 있어. 클레어는 내가 어린 시절에 쓴 몇 통의 편지와 내가 도착했을 때 낸이 쓴 시도 발견했어. 그녀는 그 편지들로 가족에 대한 많은 사실을 알게 되었어. 가엾은 에드 삼촌은 거의 지쳐가고 있단다. 나는 그에게 북태평양 채권을 보냈어. 그 채권은 너희가 가진 것과 마찬가지로 너희 어머니의 유산에서 나온 것이야. 내 유언장에 따르면, 이 채권은 다른 유가증권들과 함께 너희 자매들에게 가게 되어 있었단다. 그러니 나는 그 채권에서 나오는 이자를 포기한 것이고, 원금은 사실 너희 두 사람이 에드 삼촌에게 드린 셈이지. 즉, 너희는 에드 삼촌에게 각각 500달러씩 보낸 거란다. 포머로이는 힐스 박사의 권유로 요양원으로 옮겨졌단다. 힐스 박사가 직접 가서 그를 보고 왔지. 에드 삼촌의 편지는 정말 가슴을 아프게 했단다. 나는 너희들 어머니가 동의할 것이라고 느끼고, 너희도 그렇게 생각하리라 확신해. 헤리엇은 여전히 파리에 머물고 있으며 우리가 너희에게 보낸 그녀의 편지에서 확인할 수 있듯이, 그녀는 2월까지 그곳에 머물 계획이야. 헤리엇은 그때쯤이면 구직활동에 도움이 되는 자격증을 받을 수 있을 거라고 기대한단다. 나는 헤리엇이 프레드처럼 좋은 사람을 만날 수 있기를 바라지만, 낸의 말처럼 그런 사람이 흔치 않다는 걸 인정해. 우리는 낸의 빠른 우편을 받고 얼마나 기뻤는지 몰라. 아마 11월 1일에 떠났을 것으로 예상되는 개 썰매 우편[17]을 통해서 편지 한 통이라도 받기를 바라. 다른 팀은 어디에서 출발했고, 포인트 배로우에서 얼마나 멀리 떨어져 있니?

    즐거운 크리스마스와 행복한 한 해를 맞이하길 바란다.

하나님의 축복이 함께 하길 바라.
너희를 사랑하는 아빠가.

---

[17] 원문에는 'DOGSLED MAIL'로 기록되었다. 'DOGSLED MAIL'은 20세기 초 북극 지역, 특히 알래스카와 캐나다의 외딴 지역에서 흔히 사용된 우편 전달 방식이다. 이 지역들은 극한의 추위와 험난한 지형 때문에 교통수단이 제한되어 있었다. 따라서 개 썰매는 겨울철에 우편과 물자를 전달하는 중요한 수단이었다. 낸과 프레드는 알래스카주의 배로우(Barrow)에 거주하며, 가족에게 우편을 보낼 때 주로 'DOGSLED MAIL'을 이용한 것으로 보인다.

1937년 2월 1일
한국, 대구

사랑하는 큰딸에게

생일을 진심으로 축하해! 32년 전 그날이 얼마나 특별한 날이었는지 몰라. 그때부터 우리 집은 정말 화기애애해졌어. 이제 며칠 (19일) 후에 네 남동생의 첫 번째 생일을 맞이하게 돼. 그 아이는 내 흔들의자 옆에 서서, 사랑스러운 곱슬머리와 반짝이는 파란 눈, 그리고 붉은 뺨으로 아주 귀엽게 나를 쳐다봐. 네가 그를 볼 수 있으면 얼마나 좋을까! 너의 멋진 편지가 도착했는데, 우리가 얼마나 기뻐했는지 모를 거야. 우리는 네가 타자기로 쓴 편지를 선교기지에서 돌려 읽으며, 모두 기뻐했지. 물론 여전히 답이 없는 질문들이 있지만, 조금씩 퍼즐 조각들을 맞춰가며 배로우에 대한 어떤 그림을 그리고 있단다. 우리는 북쪽을 향하는 대구의 선교사 두 분과 아프리카로 향하는 수지가 자랑스럽구나. 사진이 정말 잘 나왔네! 너희가 찍은 사진들을 많이 보내주길 바란다. 예를 들어 프레드가 순회 여행을 시작하는 모습 같은 거 말이야. 지금은 눈이 많이 내리고 있지만, 이번 겨울은 그리 춥지 않았어. 오늘 밤 짐 모리스 씨가 "약령시장"의 사진을 찍으러 내려올 거야. 무슨 말인지 알겠니? 약재 시장 말이야. 나는 프레드를 데리고 그곳을 구경시켜 주고 싶어. 그는 오늘 밤 라이언 씨 댁에서 사진을 몇 장 더 보여줄 계획이기도 해. 어떤 종류의 사진인지는 모르겠어.

헤리엇으로부터 그녀가 잘 지내고 있다는 소식을 들었고, 그녀의 계획에 대한 소식을 기다리고 있어. 너희 둘에게 많은 사랑을 보내.

헌신을 담아서, 아빠가.

추신 얼마 전에 네 생일을 축하하며 10달러를 보냈는데 잘 받았기를 바란다.

1937년 2월 7일
한국, 대구

사랑하는 낸과 프레드에게

일요일 밤이 되었지만, 지난 3개월간 소식이 없어서 윌리엄스 목사님께 전보로 "아픈가요?"라고 여쭤보았어. (윌리엄스 목사님이 속한) 미국 교회에서 "헤리엇은 잘 지내고 있으니, 그녀를 용서해 주세요."라고 답이 왔어. 우리는 그 회신을 1월 21일에 받았지. 이번 주에 내가 보낸 전보에 대한 답장을 기대하고 있어. 네 생각에는 헤리엇이 사랑에 빠진 것으로 보이니? 너도 그런 적이 있었니? 우리는 기다리고 두고 봐야 할 것 같아. 해리는 정말 사랑스러운 아이야. 그의 머리는 아주 곱슬곱슬해, [판독불가]하지 않지만 말이야. 그는 항상 활발하고 새로운 걸 시도하고 있어. 이제 막 걷기 시작했단다. 너는 그가 아침저녁으로 대구 간유를 꿀꺽꿀꺽 마시는 모습을 봐야 해. 시금치, 호박, 사과즙, 죽, 자두, 그레이엄 크래커, 커스터드푸딩 등 아주 다양한 음식을 함께 먹고 있지. 정말 독특한 조합이야. 네가 이 상황을 보면 어떤 반응을 보일지 궁금하네. 너는 리빙스턴이 [판독불가] 쌍둥이 아들을 낳았다는 소식을 들었을 거로 생각해. 하지만 난 쌍둥이를 바라지 않아. 한 명씩 낳는 것이 좋을 것 같구나. 고래기름이 대체품으로 적합할지 궁금하구나. 그걸 먹으면 더 통통해지겠지. 클레어가 나에게 얇은 여름 담요에 대해 말했는데, 전기담요 하나만 있으면 가장 추운 날씨도 이겨낼 수 있다고 해. [전기] 사용료는 하루에 0.04달러밖에 안 돼. 화재가 발생하지 않도록 전선을 잘 확인하렴. 우리도 이곳에서 전기담요를 사용하고 있단다. 노만은 내게 편지를 보내서, 내가 에드에게 보낸 북태평양 채권을 자신이 가진 일부 미투자 자금과 함께 현금화했고, 그것을 에드에게 넘길 예정이라고 하더구나. 그는 또한 이스턴의 노샘프턴 은행에 있는 안전 금고에 보관된 유가증권들을 점검했고, 첨부된 계좌 명세서대로 처리했다고 해. 너는 어느 은행에 계좌를 가지고 있니? 누구에게 네 권한을 위임했니? 현재 자녀가 일곱 명인 김 씨와 배 씨는 곧 아기를 출산할 예정이란다.

많은 사랑을 담아서, [판독불가] 아빠가

1937년 3월 16일
포르투갈, 리스본
캘커다 두 마르케스 데 아브란테스 62-3

사랑하는 친구들에게[18]

시간이 너무 빨리 흘러가서 우리는 다섯 개의 달력을 최신 상태로 바꾸려고 방 주변을 뛰어다니고 있어요. 여기서는 한 주를 뜯어내고, 저기서는 한 달을 넘기고, 또 다른 곳에서는 며칠 늦은 날짜를 맞추고 있죠. 마지막으로 달력을 확인했을 때, 여러분에게 편지를 쓸 시간이 되었다는 걸 알았죠.

우리는 특별히 크리스마스 시즌에 많은 분들로부터 소식을 듣게 되어 정말 기뻤습니다. 외국에 살아야만 고향에서 온 편지를 받는 것이 얼마나 소중한지 진정으로 깨닫게 됩니다. 그러나 여러분의 편지는 단순히 고향의 편지가 아니라 꽤 소중한 거예요. 그것은 우리에게 사랑과 공감의 확신을 주고, 우리가 유능한 어부가 되어야 한다는 깊은 도전을 안겨줍니다. 그리고 성공적인 낚시의 비결을 배우기 위해 이보다 더 좋은 나라로 보내질 수 있었을까요!

며칠 전, 우리는 근처의 긴 해변을 따라 산책했습니다. 얼마 지

---

18 빅터 웨이드 메이시(Victor Wade Macy) 목사와 그의 아내 수잔 브로켄셔어(Susan Brokenshire)가 브루엔을 비롯한 대구 선교기지 소속 선교사들에게 보낸 편지로 추정된다. 메이시 목사 부부는 미국 장로교 파송 선교사로 모잠비크(당시 포르투갈령 동아프리카), 남아프리카, 자이르(현 콩고 민주 공화국)에서 1936년부터 1976년까지 약 40년간 선교활동을 펼쳤다.

나지 않아 멀리서 거인들이 버리고 간 듯한 거대한 멜론 껍질들이 모래 위에 흩어져 있는 것을 보았죠. 가까이 가서 보니 그것들은 해변 위에 정박한 대형 어선들이었고, 그 밑에는 활주로 역할을 한 해파리들이 있었습니다. 각 뱃머리에는 악령을 쫓아내기 위해 사람 눈이 한 개 이상 그려져 있었습니다. 나중에 우리는 이 배가 본래 정어리 어선이라는 것을 알게 되었습니다. 바다로 며칠씩 나가 다른 물고기를 가득 싣고 항구로 돌아오는 배들도 많이 있었습니다. 배에서 생선을 내리는 과정을 지켜보는 것은 정말 멋진 경험입니다! 높은 고무장화를 신은 건장한 남자들이 배의 선체 안으로 들어가 얼음 속에 묻혀 있는 생선을 바구니에 담아 차례로 던집니다. 그런 다음 바구니는 부두 위에 있는 또 다른 남자들에게 던져지는데, 그들은 고무로 된 앞치마를 입고 바구니가 오는 즉시 받습니다. 그들이 바구니를 물이 가득 찬 수로에 통과시키며 얼음을 씻어내고, 세 번째 그룹의 남자들에게 던져줍니다. 이 남자들은 생선의 크기와 품질에 따라 분류 작업을 하죠. 이 모든 작업은 보통 밤에 커다란 가스 랜턴의 불빛 아래에서 이루어지며, 그 불빛은 으스스하면서도 심오한 분위기를 자아냅니다. 땀을 뻘뻘 흘리며 소리를 지르는 남자들 뒤에는 어두운 건물에서 남편이 바다에서 돌아오기를 며칠 동안 기다렸던 아내들이 앉아 있습니다. 그러나 그녀들도 어획 작업에서 각자 맡은 역할이 있습니다. 이 여성들과 수백 명의 다른 여성들의 일은 아침에 시작됩니다. 그들은 부두로 가서 생선을 포장하고 소금에 절이거나, 자신만의 바구니에 생선을 가득 담아, 생선을 씻고 손질합니다. 그런 다음, 하루 종일 머리에 바구니를 이고 거리를 돌아다니며, 오랜 시간 동안 소리 내느라 거칠고 강해진 목소리로 물건을 판매합니다. 이때 남자들은 따뜻한 햇빛 아래에서 휴식을 취하거나, 항구 인근 평화롭고 안전한 곳에서 잠을 자거나, 잠잠하게 고장 난 그물을 수리하며 다음번 있을 대량 어획을 기대하죠.

준비와 기대! 이 단어들은 우리에게도 해당합니다. 이 단어들이 우리의 일상과 생각을 채우고 있습니다. 왜냐하면 우리가 얼마큼 준비했는지 증명해야 할 때가 곧 다가오기 때문입니다. 그리고 실제로 아프리카를 향해 떠나는 기쁨이 찾아옵니다. 7월에 치르게 될 시험을 위해 여러분에게 기도를 부탁드립니다. 이 시험은 이틀간 진행되며 포르투갈 공립학교 시험관 앞에서 포르투갈어로 치러지게 될 것입니다.

포르투갈 정부 이야기가 나오니, 몇 주 전 신분증을 찾을 때 겪었던 일이 떠오릅니다. 우리는 사진 촬영을 하고, 신원 확인 후 지문을 찍었습니다. 이어서 신분증을 받기 위해 낯선 건물로 갔습니다. 건물에 도착하자마자 두 명의 군인에게 신분증을 어디서 찾아야 하는지 물었죠. 그들의 안내를 따라서, 우리는 습하고 연기로 가득 찬 방에 들어갔습니다. 창구 앞에는 사람들이 줄을 서 있었고, 저희도 자연스럽게 그 줄에 합류했습니다. 그러나 자세히 보니 줄을 선 사람들은 모두 남자들이었습니다. 그들은 의심스러운 표정으로 우리를 쳐다보고 있었습니다. 우리는 그들의 시선에 불안감을 느끼기 시작했습니다. 마침내 우리는 그들에게 질문을 건넸지만, 아무런 대답을 듣지 못했습니다. 우리의 불안감은 질문을 거듭할수록 커져만 갔고, 마침내 한 신사분이 나타나 유창한 영어로 저희에게 무엇이 문제인지 물어왔습니다. 우리가 그에게 상황을 말하자, 그는 눈을 반짝이며 우리가 신원 확인 사무소에 온 것은 맞지만, 그곳은 범죄자 신원 확인 사무소라고 알려주었죠! 그 후에 그는 친절하게 저희를 '평범한' 시민에게 신분증을 발행하는 곳으로 안내해 주었습니다.

이 나라에서 남은 시간 동안 우리는 공부에 집중할 예정이며, 리스본 외곽의 다양한 아름다운 장소들을 방문하며 잠시나마 머리를 식히길 기대하고 있습니다. 8월에는 영국과 독일로 떠날 계획이며, 함부르크에서 지중해를 경유하여 포르투갈령 동아프리카로 항해할 예정입니다. 우리는 멋진 여행과, 그보다 더 멋진 목적지와 새로운 일에 대한 기대를 품고 있습니다.

하나님께서 당신의 사역에 풍성한 복을 부어 주시길 기도합니다. 진심을 담아서, 빅터 W. 메이시 목사 부부 드림.

1937년 5월 16일
시골에서

사랑하는 낸과 프레드에게

일요일 오후 6시, 나는 이 마을에서 5일 동안 진행된 천막 설교를 마무리하고 있어. 이곳에는 150가구가 있고, 한 집만 기독교 가정이야. 그 가정의 가장은 여기서 5km 떨어진 교회의 집사인데, 나는 그분이 올봄에 남성 성경반에서 두 달 동안 공부할 수 있도록 도와주었지. 그분은 약 20명의 학생 중에서 아주 뛰어났지. 이번 설교에는 두 명의 조사(助事)가 도와주었는데, 그중 한 명이 밤마다 설교를 했어. 그 설교는 아주 훌륭했지. 또한, 나의 전도부인 김 여사도 나를 도와주셨어. 오늘은 피리를 잘 부는 젊은 연주자가 와서 도와줬어. 이 외에도 인근 두 교회에서 몇몇 사람들이 와서 힘을 보태주었지. 저녁에는 여섯 명 이상의 젊은 여성들과 그들의 남편들, 형제들이 와서 특별 찬양을 불러주었어. 천막이 마당에 비해 너무 커서 절반은 지붕 위로 펼쳐두었단다. 매일 밤 200~300명이 천막 집회에 참석했지. 나는 아이들에게 짧게 설교했고, 이어서 전도 부인이 예수님의 생애를 담은 화면을 보여주며 설교했어. 아세틸렌 램프로 불을 밝힌 영사기로 그 화면을 송출했지. 매번 한두 명의 사복 경찰이 참석했는데, 그중 한 명은 이제 경찰을 그만두고 기독교인이 되겠다고 말했단다. 그는 여러 차례 성경 공부와 성찬식에도 참석했지.

내가 편지를 쓰는 동안 밖에서는 징 소리가 크게 나고 있는데, 이는 올해 보리 작황이 아주 좋아서 "보리 이삭이 자라난 것"을 축하하는 행사야. 나는 7평정도 되는 방에서 오래된 접이식 야외 테이블에 앉아 글을 쓰고 있고, 김 씨는 밖에서 저녁을 준비하고 있어. 내일은 오전 5시 30분에 일어나서 자전거로 김천까지 10마일을 가서 오전 7시 30분 열차를 타고 집으로 돌아갈 계획이야. 기차가 오전 8시 45분 도착하면 거기서 우리의 사랑스러운 아들과 아내, [판독불가], 그리고 아침 식사가 나를 기다리고 있을 거야. 나는 이틀 동안 집에 머문 후에 4일간의 짧은 천막 집회를 위해 다시 나갈 예정이야. 이후 노회에서 이 기도처를 독립된 교회로 세우는 것을 합의했단다. 이들은 기도회를 할 수 있는 예배당을 가지고 있지만, 그곳은 모교회에서 8km 떨어져 있어. 김 씨가 토스트 위에 얹은 반숙 달걀 두 개, 밥 한 그릇, 푸른 완두콩, 그리고 코코아 한 잔을 가져왔어. 이제 식사 시간이야. 김 씨가 안부를 전한단다.

저녁 7시 30분, 이곳에서의 마지막 식사가 끝났어. 이제 며칠 동안 집에 돌아갈 생각에 기쁘구나. "그래도" 여기서 지내는 동안은 편안했어. 시골에 있어 [판독불가]를 물리칠 일이 거의 없었고 파리도 별로 없었어. 눈에 보이는 파리는 내가 모두 잡았지. 한 여인이 맷돌을 손으로 돌리며 곡식을 갈고 있는 모습을 봤어. [판독불가] 집에서는 그것이 마치 고소하고 진한 크림같이 보였어. 사실 그것은 콩과 보리로 만든 "죽"이었지. 김 씨가 말하길, 북소리는 논을 준비하는 작업이 끝난 것을 축하하기 위한 것이라고 하네. 그래서 일꾼들이 춤추고, 북을 두드리며, 술을 마시고 있단다. 방금 한 할머니가 내 방 앞을 지나가며 "담배를 끊어야 한다는 것만 아니면 나도 기독교인이 되고 싶다."라고 말씀하셨어. 우리는 그들에게 그런 것을 강요하지 않았지만, 모두가 그리스도인은 그렇게 살아야 한다고 생각하는 것 같아. 그런데 나는 여기서 흡연하는 그리스도인을 본 적이 없어.

이제 나는 저녁 폐회 예배를 준비해야 해. 이제 그 집사님이 여기서 주일마다 예배를 인도할 것이고, 근처 교회 두 곳에서 사람을 보내어 그분을 도와줄 거야.

사랑해. 아빠가.

추신 병원 화재는 어떻게 됐니? 의학 잡지에서 이야기하던 건가?

1937년 12월 19일
한국, 대구

사랑하는 낸과 헤리엇에게

일요일 오후, 너희 아빠는 서쪽에 있는 교회에 설교하러 가셨고, 해리는 자고 있어. 오늘은 내가 대구에 온 지 14주년이 되는 날이야. 그때 도로시 호이트는 태어난 지 이틀밖에 안 되었지.

너희 아빠는 남성 성경반과 노회가 막 마무리되어서, 약 10일 정도 숨을 돌릴 기회가 생겼어. 하지만 지금은 라이온스 씨의 구역도 맡게 되어서 집회가 진행되는 동안에도 계속 모임을 가졌고, 매일 손님들과 함께 식사했단다.

크리스마스이브 파티는 헬렌 헨더슨 댁에서 열릴 예정이야. 올해 방학이 짧아져서, 중국에 있는 아이들이 집으로 갈 수 없었어. 그래서 아이들은 23일이 되어야 여기에 올 수 있어. 우리는 크리스마스 저녁 식사에 챔니스 가족을 초대했고, 새해 전날 저녁에는 선교기지 만찬을 가질 거야(어린아이들을 제외하고).

낸, 며칠 전에 편지를 우편으로 보낼 수 있어서 우리는 정말 기뻤어. 그것은 대부분 헤리엇이 이곳으로 보낸 것이야. 나중에 좀 더 보낼게. 달력과 함께 사진을 넣었는데 내가 이미 같은 걸 너에게 보낸 것 같아. 만약 그렇다면 그 사진을 헤리엇에게 보내주길 바라. 작년 크리스마스 선물은 침대보였고, 올해 선물은 식탁보야. 침대보는 모리슨 양의 학교에서 만들었고, 식탁보는 중국 상점 "완채라쎄 씨"에서 사 왔어.

해리엇, 너는 나에게 해리의 전형적인 [판독불가] 일과에 대해 말해달라고 했지. 우리는 아침 6시에 가장 먼저 "아빠, 아빠"라는 소리를 들어. 그러면 네 아빠가 벌떡 일어난단다. 해리는 아침에 아빠가 시골에 있을 때를 제외하고는 절대 "엄마"라고 부르지 않고, 낮잠을 잔 후에 항상 나를 찾아. 너희 아빠가 해리에게 옷을 입히고 의자로 데려와 우유를 먹여. 그러고 나서 아빠가 면도하는 동안 해리는 자기 [판독불가]를 하지. 그 후엔 한국어로 기도해. 해리는 항상 책을 나눠주고 다시 모아서 자신의 작은 의자에 앉아. 아침 식사 때 그는 꼭 주방 서랍에서 턱받이를 챙겼다가 식사를 마치고 다시 제자리에 넣어둬. 우리가 대구 간유를 깜빡하면 그는 우리에게 그것을 상기시켜 줘. 그는 감도 정말 좋아한단다. 우리가 오전 10시쯤 밖에 있는 우편물을 챙겨오면 그는 한국어 편지를 가져다 집사에게 주기도 해. 우리는 그가 외투를 걸 수 있도록 화장실 옆에 있는 옷장 문 안쪽에 고리를 달았어. 그는 외출복을 가지러 가서, [판독불가]를 난방기 위에 올려두고 따뜻하게 만들려고 하지. 그를 뒷마당에 내보내면 그는 거기서 꽤 오랫동안 즐거워해. 그러다가 플래처 씨 댁의 뒷마당에 있는 닭과 비둘기를 보러 가고 싶어 하지. 그는 혼자 가고 싶어 하고, 다시 돌아온 후에는 소를 보러 가고 싶어 해. 오전 중 언젠가 그는 문 앞에 나타나서 나를 부르며 화장실에 가야 한다고 말하지. 그는 낮 동안에는 거의 사고를 치지 않아. 그는 4세용 내복을 입고 다니는데 아직 밤에 소변을 가리지 못해. 뭐 그건 당연한 일이지. 나는 11시 30분이 되면 해리를 집으로 데려와. 그는 자기 옷을 고리에 걸어두고, 목욕하기 위해 물을 틀어. 이제 해리는 스스로 신발과 양말을 벗을 수 있고, 내복의 단추를 풀려고 시도하기 시작했지. 신발도 혼자서 신으려고 노력해. 우리는 화장실에 발판을 두었고, [판독불가_여러 문장]. 그는 <u>스스로 먹을 수 있어.</u> 해리는 감자보다 쌀밥을 훨씬 더 좋아하는데, 그 점이 하인들에게는 무척 흥미로운 모양이야. 또한 해리는 [판독불가] 간과 크림치즈도 아주 좋아해.

   그는 채소, 감자, 밥, 또는 마카로니, 고기, 달걀을 먹어. 우리가 그의 접시에 음식을 올리자마자 그는 "다 먹어요?"라고 물어봐. 이 질문은 "제가 다 먹어도 될까요?"라는 뜻이야. 그는 고기를 먼저 먹고, 그 후 우유와 디저트를 먹어. 대구 간유 한 스푼과 말린 빵이나 토스트도 먹지. 그 후에 낮잠을 자러 가. 그는 보통 3시쯤 깨어나. 하루 종일 그의 관심은 '기차'에 있어. 특히 낮잠을 잔 후, 외출해서 기차를 못 보면 계속 기차 이야기만 해.

   그는 너의 아버지가 열쇠를 꺼내거나 그가 가지고 있다는 것을 보여주기 전까지 한치도 움직이지 않으려고 해. 우리가 돌아오면 해야 하는 것 중 가장 첫 번째 일은 열쇠를 상자에 다시 넣는 거야. 그 후 그는 놀면서, 장난감을 [판독불가]하거나 그림책을 보지. 그는 동물 그림책을 가지고 있는데, 그 안에 있는 모든 동물을 다 알고 있어. 그가 "거위"라고 말하며 "우" 소리를 길게 낼 때 정말 [판독불가] 하지. 해리가 잠자리에 들 때, 헤리엇과 내게 손을 흔들며 작별 인사를 해. 이제는 우리가 너희 사진을 바꿔 놓아도 헷갈리지 않아. 가끔은 네 사진을 보며 네 코, 눈, 곱슬머리

등이 어떤지 말해주기도 해.

  1938년 1월 2일, 내가 [판독불가]를 시작한지 벌써 두 주가 지났어. 너의 아빠는 오늘 [판독불가] 장로 임직식을 위해서 시골로 가셨단다. 우리는 정말 멋진 크리스마스를 보냈어. 크리스마스에 온 너희의 편지는 우리를 더욱 행복하게 했지. 낸이 해리를 위해 뜨개질한 이불과 헤리엇이 보낸 내 드레스가 선교기지 파티를 하는 날 도착했는데, 둘 다 많은 찬사를 받았어. 정말 고마워. 나는 한국식으로 만들어진 아름다운 책상을 선물 받았어. 우리가 사진을 찍었는데, 아니, 챔니스 씨가 찍었지. 한 장은 성탄 트리 앞에서 해리와 함께 찍은 것이고, 다른 하나는 [판독불가] 셋이 책상 앞에서 찍은 사진이야. 종이가 끝나가네. [판독불가]에 더 쓸게. 이번 해가 축복 가득한 한 해가 되기를 바라.

  많은 사랑을 보내며,
  클레어.

1938년 1월 28일

사랑하는 낸에게

며칠 전 언니에게 편지를 세 통이나 받아서 너무 기뻤어. 하나는 아버지에게서, 나머지 두 통은 클레어에게서 온 편지였고, 해리에 대한 소식도 가득하더라! 드레스가 클레어에게 잘 맞다니 정말 기뻤어, 잘 입었으면 좋겠어! 그래도 잘 입고 있는지 꼭 알려줘, 만약 안 맞으면 다시는 그런 드레스를 - 1달러 아니면 2달러였나? - 돈 주고 사지 않을 테니까. 해리의 기모노는 안 맞았을 것 같아. 그가 4세용 내복을 입는다면 말이야! 내가 다시 그에게 잘 맞는 것을 찾아야겠어! 이 사진들도 그다지 잘 나오지 않았지만, 너희를 그리워하는 이 바보 토끼의 모습이 조금이라도 마음에 들었으면 좋겠어.

볼티모어에서 받은 전보에서 언니가 보낸 편지가 보낸 편지들이 있어서 놀랐어! 내가 그것들을 줄리아 이모에게 전해줬는데, 그녀는 그 편지들을 선교 모임 때 보라고 엘리너에게 다시 빌려줬다고 해. 엘리너는 편지를 너무 짧게 써서, 그녀가 어떻게 지내는지 알 수 없네. 정말로 그녀를 보고 싶어.

언젠가 언니에게 학교에 대한 모든 이야기를 담은 편지를 써야겠어. 그런데 지금은 너무 바빠서 그럴 시간이 없어. 지난주 내내 시험 문제를 내느라 시간을 보냈어. 재미있긴 했지만, 시간이 꽤 오래 걸리더라. 내일부터, 그러니까 금요일부터 시험이 시작되고,

새 학기가 시작될 때까지 정신없이 바쁠 것 같아. 그래도 채점이 수월하게 문제를 만들었지. 나름 뿌듯하네!

모두에게 그리고 선교사님들과 사랑스러운 아이들에게도 사랑을 전해.
헤리엇.

1938년 2월 19일

사랑하는 낸에게

지난 2월 14일에 나는 아기 수첩과 결혼 앨범을 펼쳐 보았지. 우리의 소중한 딸은 정말로 큰 기쁨이었단다. 너의 첫 번째 [판독 불가]와 아기 사진들, 그리고 짧은 편지들을 읽었어. 네가 에드워드와 벤에게 여동생의 출생을 알리는 편지는 정말 귀여웠지. 주님께 너를 위해 축복을 빌었어. 사랑하는 딸아, 우리는 모두 너를 로즈 부인[19] 같다고 여겨. 우리는 신사(神社) 문제로 어려움을 겪고 있단다. 그럼에도 불구하고 지금까지 우리는 계속해서 사역을 할 수 있어서 감사하고 있어. 산에는 여전히 눈이 있지만, 낮이 점점 길어지고 있단다. 해가 언제 지고 언제 뜨는지 좀 더 명확히 알려 줄 수 있겠니? 내가 여기저기서 알래스카에 대해 이야기하고 있는데, 좀 더 자세히 알고 싶어. 방금 너의 여동생에게서 편지를 받았어. 아마도 그녀는 에드 삼촌 가족을 위로하느라 마음에 부담이 꽤 있을 거야. 네드 삼촌과 에밀리가 그녀의 가족을 돌보고 있는데, 그것도 육체적, 재정적으로 꽤 큰 부담일 거야. 나도 때때로 그들에게 약간의 도움을 보냈단다. 우리 사랑하는 아들은 정말 귀엽고, 새로운 생각을 참 빨리 이해하고 있어. 방금도 나에게 와서

---

[19] 미국 북장로교 출신 선교사 해리 A. 로즈(Harry A. Rhodes)의 부인을 지칭하는 것으로 보인다. 로즈는 1908년 내한하였다.

소파 밑에서 작은 장난감 개미들을 꺼내달라고 했단다. 내가 "네가 막대기를 가져와서 꺼내봐"라고 했더니 그는 쏜살같이 가서 막대기를 가져와서는 금세 장난감을 꺼내더구나. 너무 재미있었는지 다시 장난감을 소파 밑으로 밀어 넣고 또 꺼내면서 놀았어. 정말 사랑스러운 아이야. 클레어는 그가 자기 전에 장난감을 정리해서 제자리에 두도록 훈련하고 있어. 캐나다 에드먼턴을 경유한 너의 두 단어짜리 편지가 [판독불가]한 두 히틀러 지지자에게 왔어. 프레드는 무척 열정적으로 보이는구나. 너의 둘 그리고 [판독불가], 조지 박사 부부에게도 안부를 전해.

　　사랑을 담아서, 아빠가.

1938년 2월 28일
한국, 대구

사랑하는 낸과 프레드에게

　봄이 코앞에 왔구나. 라일락과 개나리 꽃봉오리가 부풀어 오르고 있고, 단풍나무도 그런 것 같아. 클레어, 해리 그리고 나는 차를 타고 네드의 집으로 가서 그곳에서 [판독불가]을 손질했어. 해리는 세발자전거를 타려고 노력하고 있어. 지금까지 그는 밀고 다니기만 했지만, 그래도 즐거워하고 있어. 다른 아이들이 놀러오면 정말 "야단"이 벌어져. 프레드, 지난봄에 한 것처럼 또 그렇게 장거리 여행을 떠나지 않기를 바라. 네가 어떻게 동상에 걸리지 않고 잘 버텼는지 모르겠지만 나는 네가 얼음 위를 건너는 것이 정말 걱정돼. 너는 보트를 사용할 거라고 이야기했는데, 그것도 나에게는 두려운 일이야. 하지만 이제 조심할 거라고 믿어. 낸, 우리는 어제 비비언 비어스로부터 편지를 받았어. 그것은 우리에게 쓴 것이 아니었지만, 우리가 그녀의 소식을 들으면 기뻐하리라는 것을 알고 그녀가 우리에게 보냈지. 그녀의 아들은 파리 주재 미국 대사관에서 근무하고 있는데, 그녀는 아들 허버트와 함께 있어.
　헤리엇이 파리에 있을 때 아마 비비언도 그곳에 있었을 거야. 그녀의 딸도 함께 있었는데, 비비언의 딸은 이제 남편을 만나기 위해 남미 부에노스아이레스로 떠났다고 하더구나. 그녀가 편지를 쓰라고 주소를 알려줬어. "C/O H. J. Beers, Amer. Embassy,

No. 2, Am Gabriel, Paris". 한 줄이라도 써서 보내면 [판독불가]한 가치가 있고, 정말 고마워할 거라고 확신해. 많은 사랑을 보내.

너희의 헌신적인 아빠가.
사랑해.
월요일에 민수기 6:24-26으로 축복해.

1938년 3월 10일

사랑하는 낸에게

우리는 네 편지와 병원 화재 관련 사진들도 잘 받았단다. 네가 그곳에서 만나는 외국인 공동체와 대구에서 경험한 공동체의 삶은 꽤 다른 것 같구나. 대구에서는 모두 [판독불가]로 비슷하고, 관계도 원만했으니깐 말이야. 러시아 비행사들은 아직도 발견되지 않은 것 같아. 두 척의 배에 두 명씩 총 네 명이 타고 있었지?. 하지만 얼음 위에서 캠핑하던 과학자들은 K. 쇄빙선에 의해 [판독불가] 구조되었다고 읽었어. 나는 현재 [판독불가] 박사님의 진료실에서 연례 건강 검진을 기다리며 글을 쓰고 있어. [판독불가] 박사가 안 계셔서 오스틴 박사가 선교기지 선교사들을 대상으로 검진을 진행하고 계셔. [판독불가]한 해리가 자신의 장난감 자동차 바퀴 하나가 빠져 고쳐 달라고 했고, 내가 그 결과를 전에 보낸 것 같아. 그는 큰누나에게 사랑을 전하고 있었어. "고마워. 낸"이라며 네가 보낸 멋진 이불에 대한 감사를 전했어. 나는 점심에 오스틴 박사 부부를 초대해서 그 이불을 보여드렸지. 혹시 그곳에는 나무가 보이니? [판독불가]는 노란색이니 아니면 빨간색이니? 성탄 기념교회 사진의 전경에서 흰옷을 입고 서 있는 소녀가 있는데, 그녀는 앉아 있는 다른 사람들보다 머리카락이 좀 더 밝아 보이는 것 같이.

프레드에게 [판독불가] 할 때 조심하라고 말하렴. 우리가 모든 동물을 알아볼 수 있었지만 말이야. 연한 갈색으로 보이는 건 고래 같았어. [판독불가] 발음하기 어려운 이름을 가진 그 동물은 어떤 종류일까? 고래의 일종일까? 그 동물의 가죽이 휴대용 담요로 사용되는 걸까? 어젯밤 8시쯤 사이렌이 울렸고, 곧 두 명의 청년이 우리에게 다음 사이렌이 울리면 불을 꺼달라고 요청했어. 아마도 분위기를 유지하기 위한 연습인 것 같아. 우리는 리더스 다이제스트 세 부와 몇 가지 다른 것들을 [판독불가]에서 배송 받았어. 그들은 우리에게 같은 책 열 권이 더 있다고 알려줬어. 저쪽에서 정말 끔찍한 시간을 보내고 있구나. 케플러 박사는 긴 여행을 다녀왔고 그에 대해 썼는데, 말로 표현할 수 없을 정도야. 다음에 무슨 일이 일어날지 누가 알겠어? 사랑을 듬뿍 보낸다.

사랑을 담아서, 너의 아빠가.

추신 포머로이는 사찰의 [판독불가] 수업에 다시 참석 중이야. 모두가 네가 쓴 흥미로운 글에 대해 이야기하고 있어. 나중에 또 한 번 편지를 보내주렴.

1938년 4월 4일
평양

친애하는 브루엔 씨에게

다른 봉투에 제 성경통신과를[20] 몇 권 동봉하여 우편으로 보내 드립니다. 한 권은 귀하를 위한 것이고, 나머지 두 권은 영어로 된 교재를 좀 더 열성적으로 보려는 분들이 있다면 친절히 전달해 주길 바랍니다.

제가 방금 알래스카의 포인트 배로우에 있는 당신의 따님과 사위분께 편지와 성경통신과를 몇 부 보냈습니다. 우리가 소래에 있을 때, 이 일을 말씀드린 것을 기억하실 것입니다. 만약 그분들이 그곳 사람들 사이에서 영어를 사용할 수 있다면, 이 교재를 활용하는 것을 즐거워할 것입니다. 그 책들은 여기와 마찬가지로 그곳에서도 실용적일 수 있기 때문이죠.

만약 당신이 곧 그들에게 편지를 쓴다면, 이 교재가 당신의 지역에서 어떤 역할을 하는지에 대해 언급해 주시면 좋을 것 같습니다. 그곳에 저렴한 인쇄 시설이 없다면 저는 100부 단위로 한 부당 5센트에 대량으로 배송할 수 있고, 그들은 [판독불가]한 이 방

---

[20] 성경통신과(Correspondence Course of Bible Study)는 스왈른 선교사가 가정에서 손쉽게 성경을 공부할 수 있도록 제작한 평신도용 성경 학습 교재이다. 이 교재는 구약 1,000문제와 신약 600문제로 구성되었으며, 평양에서 시작하여 전국적으로 확산되었다.

식을 매우 간편히 사용할 것입니다. 이것은 사람들이 말씀을 사랑하고 읽기 시작하도록 돕는 좋은 방법이 될 것입니다.

귀하의 시골 사역이 크게 축복받고 있으며, 이 시기에 한국의 기독교인들이 더욱 기도로 헌신하고 있음을 믿습니다. 우리가 사랑하는 한국 교회는 요즘 큰 시험을 받고 있습니다. 이 시험을 견뎌낼 수 있을까요? 우리는 그들이 주님을 신뢰한다면 시험을 견딜 수 있다고 분명히 믿습니다. 그러나 진리가 더 밝게 빛나도록 주님께서는 약간의 채질을 하실 수도 있지요. 지금 우리에게 무엇보다 필요한 것은 한국 전체를 뒤흔들 수 있는 하늘로부터의 부흥이 아닐까요?

[판독불가]에 있는 교회들은 헌신적으로 기도하고 있음을 들었습니다. 한국 전체를 위하여 함께 기도할 수 있는 통일된 시간을 정할 수 있다면 얼마나 좋을까요? 매일 정해진 시간에 기도한다면, 그것이 하나님께 얼마나 큰 영광이 될까요? 하나님께서 우리의 기도를 들으시고 응답하실 것이며, 우리가 간절히 필요로 하는 영광스러운 부흥을 곧 보게 될 것입니다.

스왈른 부인도 저와 함께 당신과 당신의 가족을 위한 기도와 최고의 축복을 보냅니다.

진심을 담아서, W. L. 스왈른.

1938년 5월 5일
집에서

사랑하는 낸과 프레드에게

다소 힘든 한 주 뒤에 아주 아름답고 조용한 일요일이야. 나는 해인사 쪽 가야산 기슭을 일주일간 둘러보고 돌아왔어. 일주일 동안 하루에 약 29km를 걸으며 고개를 오르내렸지. 금요일에 돌아와서 블레어 씨와 함께 일요일까지 3일 동안 교회를 방문하려고 했어. 그 교회들은 이십 년 전 내가 블레어 씨에게 부탁한 곳이야. 하지만 금요일 정오에 버스를 타고 집으로 돌아왔어. 이제는 한 대에 20명에서 25명씩 탈 수 있는 좀 더 큰 버스가 다니고 있어. 한번은 내가 외출할 때 버스 한 대가 개울을 건너려다 멈춰버렸지. 나는 [판독불가] 쪽 해안으로 걸어가서 그 근처에서 점심을 먹고, 버스를 개울에서 끌어내려는 시도가 실패하는 것을 본 후, 결국 9km를 걸어서 상주 읍내에 도착했어. 내 짐과 요리사가 그 버스에 타고 있었기 때문에 결국 나는 버스가 도착한 오후 6시까지 기다려야 했어. 그러고 나서 16km를 더 가서 그곳에서 일요일을 보냈단다. 집에 도착했을 때 운전면허 시험을 보라는 연락을 받았어. S자 주행 시험과 도로 주행, 그리고 몇 가지 필기시험을 봐야 했어. 5년 만기의 면허가 만료되었는데, 내가 갱신 날짜를 까맣게 잊어버린 거야. 결국 운전 경력이 15~20년이 되었지만, 처음부터 다시 시작해야 했단다. 만료되기 6개월 전에 갱신을 신청했더라면 이런 번거로움은 없었을 텐데 말이야. 그래서 어제는 하루 종일 운전면허 시험장에서 시간을 보냈어. 시험 감독관들이 말하길 35명 중에서 12명이 합격했다고 해. 내일 더 자세한 소식을 알게 될 것 같아. 논이 정말 아름다워. 장미도 피었고, 딸기는 아주 잘 잘랐단다. 우리는 그것들을 그저 즐기고 있어. 그래서 나는 [판독불가]와 함께 나가는 것을 포기해야 했고, [판독불가] 집에서 예상치 않았던 조용한 일요일을 보낸 거야. 오늘 아침에 나는 병원에 가서 환자들과 한 시간 동안 이야기를 나눴어. 한국인들을 아주 잘하고 있고, 병원은 거의 꽉 차 있었어. 해리는 정말 사랑스럽고 우리에게 기쁨을 주는 소년이지. 그는 계속해서 말하는데 그중 많은 부분은 다른 사람이 이해할 수 있을 거야. 그는 심부름하는 것을 좋아하고 정말 많은 것을 알고 있어. 우리는 오늘 아침에 챔네스 씨 댁에서 열린 어린이 예배에 참석했지. 해리가 헌금 바구니를 들고 아이들이 줄을 서서 헌금을 넣는 동안 서 있었고, 그 후 아이들을 이끌며 방을 돌았어. 정말로 네가 해리를 볼 수 있으면 좋겠어. 그는 [판독불가]가 너무 귀여워. 그는 "잘 자요. 엄마 아빠 그리고 [판독불가]"라고 말하곤 해. 해리는 저녁식사 후 매번 장난감을 깔끔하게 정리해. 엄마가 그림책을 읽어 줄 때는 책 구석 어디든지 자동차 그림자가 숨어 있다면, 그의 반짝이는 눈으로 반드시 그걸 찾아낸단다. 그는 엄마의 말귀를 알아들어. 그녀는 아주 요령이 있는데, 그가 저녁 식사를 다 먹어야 쿠키나 바나나를 먹을 수 있다고 말하면 해리는 저녁을 다 먹어 치우지. 해리는 바나나와 쿠키를 얻을 수 있는 다른 방법이 없다는 것을 알고 있단다.

우리는 헤리엇으로부터 두 달 정도 소식을 듣지 못했어. 그래서 그녀에 대해 걱정이 되기 시작했지. 내가 너희에게 보낸 [판독불가] 편지와 함께 첨부된 내용, 즉 어떤 "빌"이라는 인물에 대해 [판독불가]가 언급된 편지 말이야.

아마도 그 이유로 최근에 헤리엇에게 편지를 받지 못한 것 같아. 우리 작은 여동생을 특별히 기억하면서, 그녀가 자신의 길을 찾고 자신과 맞는 배우자를 만나려고 애쓰고 있다는 걸 잊지 말자.

프레드가 바다표범 그물로 좋은 성과를 거두길 바라. 그에 대한 이야기를 더 듣고 싶단다. 어떻게 그물을 고정했니? 현지인들이 너희가 잡은 바다표범이나 그물을 훔치는 일은 없었니? 여기에 "할미꽃" 씨앗을 몇 개 더 넣었어. 이것은 그곳의 하얀 배경과 잘 어울릴 거야. 나는 여전히 너의 [판독불가]한 일정을 알고 싶어. 하루 중 언제 잠자리에 들고 언제 일어나는지 말이야. 많은 사랑을 담아서 나의 사랑하는 용감한 소녀와 소년에게.

진심을 담아서, 아빠가.
사랑해.

1938년 10월 21일
한국, 대구

사랑하는 낸과 프레드에게

너희가 보낸 헤리엇과 빌에 대한 소식이 담긴 편지를 정말 잘 받았어. 최근에 일들이 너무 빨리 진행되어서 그 결과가 어떻게 될지 걱정이 되는구나. 나는 항상 그녀가 언젠가 자신에게 맞는 남자를 만나서 자신의 가정을 이루길 바랐어. 하지만, 몇 달 전 그녀가 보낸 편지에서는 자신이 빌과 사랑에 빠지지 않았고, 그와 결혼하지도 않겠다고 쓰여 있었어. 그러더니 내가 집에 왔을 때 편지를 받는데 그녀가 약혼했고, 결혼도 원한다는 내용이었어. 그 후 [판독불가] 며칠 전에 당장 결혼을 허락해 달라는 편지와 함께 결혼 승인을 전보로 보내달라는 요청이 왔었어. 기도하고 깊이 생각한 후에 나는 노먼에게 "헤리엇의 급한 결혼을 승인할 수 없다."는 답장을 보냈지. 내가 그것을 노먼에게 보낸 이유는 그의 주소가 분명했고, 그가 그녀의 사업 관련 일을 돌봐주고 있기 때문이야. 그녀는 빌이 나에게 편지를 쓰고 있다고 했지만, 아직까지 나는 그로부터 아무런 이야기를 듣지 못했어. 나는 그녀에게 평생을 재정이나 가정 운영에 대한 책임이 거의 없는 학생으로 살아왔으니 천천히 시간을 갖고 가정을 꾸릴 준비를 하라고 권했어. 빌은 새로운 사업을 구상 중인 것 같아. 그가 사업을 시작해서 안정적인 수입을 얻기 위해서는 시간이 필요할 것 같구나. 나는 헤리엇에게 아주 자세히 편지를 썼지만, 너희에게는 그렇게 자세히 쓸 수 없어. 나는 노먼과 에드와 [판독불가] 에게 편지를 중복해서 써서 시간을 절약하기로 했어. 너희 둘 다 이 일에 가능한 모든 방법으로 도움을 주고자 하는 관심과 열망이 있을 거야. 그래서 전반적으로 내 제안은 다음과 같아.

첫째, 종교.
둘째, 재정.
셋째, 건강.

종교. 그녀가 나에게 말한 것에 따르면, 그는 매우 다른 성장 과정을 겪었어. 그는 교회와 성경에 대해 안타까운 염려를 하고 있으며, 교회에 다니지 않고 있어. 헤리엇의 이야기를 들어보니 그가 겪어야 했던 많은 어려움에도 불구하고, 그의 성품은 괜찮은 것 같아. 성품은 교인 등록증보다 훨씬 더 가치가 있지. 그러나 교회와 성경에 대한 태도는 결국 가정에 반영될 수밖에 없단다. 우리 신앙의 근본적인 원칙에 대한 공통된 기반이 없다면, 기독교 가정의 행복은 흔들릴 수 있음을 강조하고 싶구나.

재정. 빌은 주택 판매로 얻은 자본이 어느 정도 있는 것으로 보여. 하지만 예술품 가게를 꾸미는 데 필요한 장비들이 비싸기 때문에 더 많은 돈이 필요할 거야. 이 분야는 그에게 새로운 것이고, 그는 아직 경험이 없기 때문에 이 가게의 수입만으로 얼마나 빨리 자기 아내와 가정을 안정적으로 부양할 수 있을지 의문이야. 헤리엇은 투자를 통한 약간의 수입을 얻었지만, 사실 그녀 자신은 그 금액으로만 생활해 본 적은 없어. 만약 결혼한다면 그녀는 교직을 얻는 데도 불리할 거야. 따라서 나는 그들 모두가 가정을 책임질 준비가 되지 않았다고 봐. 그녀는 우리 집에 돌아와서 자신의 역할을 준비할 시간이 필요해. 음식, 비타민, 균형 잡힌 식단 등에 대해 과학적 지식을 쌓아야 하고, 요리하는 법도 배우는 시간이 필요해.

건강. 그는 아주 튼튼해 보이지는 않아. 낮 동안에는 잠시 쉬는 것 같아. 이는 의심할 여지없이 그가 낮에 일하고 밤에 공부하는 그의 힘든 생활에서 비롯되었을 것 같아. 나는 그가 혹시 초기 결핵이 발생할 수 있기에 두 사람 모두 신체검사를 받아야 한다고 제안했지. 헤리엇이 에드먼 씨나 블레어 씨에게 주례를 부탁하고 싶다고 말한 적이 있단다. 나는 그녀에게 만약 내가 그들의 입장이라면 이러한 요청에 대해서 크게 당황스러울 것 같다고 말했어.

방금 네 동생이 기도를 드리며 "낸과 프레드를 축복해 주세요."라고 말하고 있어. 그는 이제 성경 구절을 다섯 개나 외울 수 있어. "그들이 모든 것을 버리고 예수를 따랐다." "나사렛 예수께서 두루 다니시며 선한 일을 행하시느니라." "그들이 나에게 여호와의 집으로 가자고 했을 때 나는 기뻤습니다." "우리가 그분을 사랑하는 것은 그분이 먼저 우리를 사랑하셨기 때문입니다." "그분은 나를 돌보신다." 정말 사랑스러운 아이지? 너희 둘이 그를 볼 수 있다면 정말 좋을 텐데.

이제 이 편지에 대해 말하자면, 나는 빌을 깎아내리지 않으려고 조심했어. 오히려 그가 자신의 상황에서 최선을 다하고 있다고 칭

찬했지. 하지만 헤리엇이 쉽게 마음을 빼앗긴 것 같다는 생각도 들어. 나는 그녀가 그와 잠시 떨어져서 서로의 사랑을 시험해 보며 가정을 꾸리고 남편을 돌볼 준비를 할 수 있으면 좋겠어. 이 편지가 너희에게 언제 도착할지 모르겠지만, 당연히 네가 동생에게 도움이 되는 방향으로 편지를 써줄 것이라 믿어.

나는 그녀가 나의 이번 편지와 이전에 보냈던 편지, 그리고 클레어의 편지도 아주 신중하게 고려하길 바라고 있어.

많은 사랑을 담아서,
너희를 사랑하는 아빠가.

추신 벙커 부인의 장례식이 며칠 전에 열렸어. 올여름 내내 그녀는 매일 아침 일찍 골프를 치며 아주 건강해 보이셨는데 말이야. 너희가 1940년 봄에 오기로 한 계획에 대해 명확하게 이해하고 있을지 모르겠구나. 그것을 불분명하게(희미-하오?) 남겨두지 마.
다시 한번 최고의 사랑을 보낸다.

1939년 5월 5일
집에서

사랑하는 낸과 프레드에게

너의 지난 편지와 프레드가 보낸 회보를 우리는 기쁘게 받았단다. 우리는 네가 넣을 것이라고 말한 [판독불가]를 못 받았는데, 아마도 편지가 일찍 보내진 것 같아. 올해, 라일락은 정말 아름다웠고, 이제 4~5종류의 아이리스가 피었어. 블레어의 등나무 덩굴과 [판독불가]의 꽃들은 아주 멋져. 내가 그중 한 줄기의 길이를 재봤는데 27인치였단다. 너희는 꽃들이 그리울 거야. 나는 할미꽃 씨를 모았는데, 그중 몇 개를 너희에게 보낼 수 있을 것 같아. 전에 한번 시도해 봤지만 [판독불가]가 그들은 "자라지 못했어"라고 하더구나. 네 동생으로부터 마지막으로 연락받은 지 몇 달이 지났어. 에드 삼촌은 그녀가 "빌"과 함께 그곳에 내려왔다고 쓰셨는데 나는 빌이 누군지 궁금해. 편지 중에서 그녀가 언급한 프랑스 등에서 활동한 어떤 남자가 있긴 했지. 그런데 그가 누구일까 정말 궁금하네? 나는 그녀가 너처럼 좋은 사람을 만나길 바라! 정말 대단해! 우리의 봄이 거의 끝나가고, 지금까지 파리나 [판독불가] 또는 다른 [판독불가] 등으로 괴롭진 않아. 날씨도 [판독불가]로 좋았어. 이번 [판독불가] 동안 우리는 개인 보고서를 읽을 준비가 되었어. 클레어가 내 보고서를 복사하겠다고 제안했고, 새로운 정보와 자료를 모으는 데 기쁘게 도와주었어.

클레어는 모임을 이끌지는 않을 거야. 그래서 우리는 쉴즈 양을 초청해서 소래에서 2주간 함께 지내기로 했단다. 그녀는 이번 여름이 한국에서 보내는 마지막 여름이라고 했어. 그녀는 존슨 부부와 함께 1899년에 한국에 왔어. 2년 전 [판독불가] 결핵 증상으로 귀국한 도로시 아담스는 건강을 회복하고 이번 여름에 다시 돌아올 예정이야. 레머 가족은 휴가를 갈 것이고, 블레어 씨가 그의 부재 동안 교장직을 맡기로 했지. 블레어 가족은 오전에 떠날 예정이라 지금 짐을 싸느라 바쁘네. 그들은 유럽으로 떠나 런던에서 메리, 수지, 그리고 그녀의 남편을 만날 예정이래.

그물망은 항상 더 촘촘해지고 있어. 폭풍우가 몰아치지 않는 한 앞으로 어떻게 될까? 몇몇 가정용 잡지가 압수되었는데, 너희는 그 움직임을 알아차릴 거야. 진실과 허구는 결코 함께 섞이지 않는다는 것을 말이야. 너희가 언급한 책이 후자에 해당한다는 것을 알고 나니 다행이다. 내가 읽어보고 싶었던 한 젊은이의 모험에 관한 책을 보았어. 오늘은 기도회가 있는 밤이라 우리는 챔니스 씨 댁으로 가야 해. [판독불가]는 선교기지 모임에서 할 것 같구나.

많은 사랑을 담아서, 아빠가.

추신 수 아담스가 탁아소에서 컬러 사진기로 동생을 촬영했단다. 그 탁아소는 개원 이후 8년 동안 400명이 등록했어. 어제는 졸업식은 [판독불가] 아래 병원 옥상에서 진행되었고, 20명이 졸업했단다.

크리스마스 저녁

한국, 대구

사랑하는 낸과 프레드에게

클레어와 나는 지금 큰 벽난로 옆에서 편하게 앉아 [판독불가]한 오늘 하루와 사랑하는 가족들에 대한 이야기를 나누고 있어. 특별히, 우리는 네가 오늘을 어떻게 보냈는지 궁금하구나. 아마도 어디선가 함께 모였겠지만 [판독불가]를 제외하고 아이들이 없이 보내는 크리스마스는 어떨까? 게르다는 어떤 여성으로부터 항상 양탄자의 털이 있는 면을 몸에 닿게 두면 더 따뜻하다고 이야기를 들었데. 너희도 그렇게 하니? 그런데 그녀의 친구가 이렇게 말했대, "그렇다면 동물들은 얼마나 어리석은 거야."라고 말이야. 우리는 오늘 정말 멋진 하루를 보냈어. 다만 딸들로부터 편지가 오지 않는 것을 제외하고 말이지. 물론, 너희는 예외야. 하지만 우리 작은 여동생은 편지를 쓸 여유가 없나 봐. 그래서 우리는 그녀가 편지를 쓸 때까지 기다려야 할 것 같아. 그녀가 글을 많이 쓰지 않는 것을 보니 나는 그녀가 요즘 누군가에게 관심을 두고 있는 건 아닌가 싶어.

동생은 아침 6시에 작은 양말 한 짝이 [판독불가]에 매달려 있는 것을 몰래 보았어. 크리스마스트리는 현관문과 너의 피아노 사이에 있단다. 베티와 나는 '할렐루야'와 '왕의 탄생' 그리고 '그 밝고 환한 밤중에'를 연주하며 시간을 보냈어. 여학교는 크리스마스이브에 [판독불가] 교회에서 콘서트를 열고 '할렐루야', '지난밤', '찬양받을 만한'을 불렀어. 아침 식사 후, 우리는 한국인 집사의 아이들을 초대해서 누가복음 2장 14~18절을 읽었고, 그들은 '작은 주, 예수'를 부르며 화답했지. 우리는 함께 기도를 드리고, 그들에게 과일과 견과류를 선물로 드렸어. 그 후에 우리는 라이언, 블레어, 알파이테스 가족 총 12명을 위한 저녁 식사를 준비해야 했단다. 클레어는 아담한 장식으로 집을 아주 멋지게 꾸몄고, 모든 것은 잘 진행되었어. 점심 식사 후에 새로 포장된 도로를 따라 경주로 드라이브를 했어. 클레어와 아이를 포함해 두 대의 차로 이동했지. 우리는 그 시간을 즐겼지만, 아이들은 곧바로 잠들었어. 그래서 우리는 어제 오후 5시가 되어서야 트리 밑에 있던 선물을 꺼냈지. 어젯밤 토미 쿡은 폴리네 집에서 산타 역할을 했고, 우리는 함께 춤추며 분위기를 즐겼단다. 우리는 헨리를 데려가지 않았고, 클레어는 저녁 식사 전에 폴리네 집에서 열린 선교기지 만찬에 잠시 다녀왔어. 에밀리는 멋지고 유용한 선물 10개를 보냈고, 클레어의 가족은 아기를 위해 사랑스러운 옷들을 보냈어. 우리는 매일 너희가 보낸 우편을 기대하고 있어. [판독불가]를 통해 너희에게 개 썰매로 우편이 전해지는 거니? 좋은 밤 되렴. 하나님의 축복이 너와 프레드 모두에게 함께 하길 바라. 아기를 위한 멋진 선물을 보내주렴.

진심을 담아서,
너희의 아빠가.

사랑해.

12월 26일

친애하는 해리에게

우리는 여전히 우리의 큰 필요에 대한 신속하고 주목할 만한 응답에 놀라움을 금치 못하고 있단다. 크리스마스 아침에 낸과 프레드로부터 소중한 전보를 받았어.

그 증서가 도착했지. 그것은 우리에게 정말 필요한 금액으로 [판독불가]에서 $810.25의 가치를 지니고 있어. 하지만 그것이 네 이름으로 등록되어 있어서 사용할 수가 없구나. 네 서명이나 위임장 없이 이를 매각하거나 대출 담보로 활용할 수 없단다. 아마도 은행이나 대리인이 그런 권한을 가지고 있을지도 몰라. 그런 경우라면 네가 그들에게 지시해서 채권을 소유자나 나에게 양도하라고 해야 해. 아무래도 소유자에게 양도하는 게 더 나을 것 같아. 만약 그들이 그런 권한을 가지고 있지 않다면, 너는 나에게 해당 채권을 매각하는 구체적인 권한을 부여하는 문서를 보내야 할 거야. 아니면 위임장을 준비해야 하는데 그것은 반드시 미국 영사의 공증을 받아야만 해. 물론 이것은 일을 오랫동안 지연시킬 거야. 그동안 우리가 어떻게 해야 할지 모르겠구나. 이번 주에는 어쩔 수 없이 [판독불가]를 의사의 치료에서 빼야 할 것 같아. 더 이상 치료비를 감당할 수 없기 때문이지. 만약 네가 이것을 해결해 준다면, 나는 다시 치료를 받을 수 있을 거야. 내가 의사, 병원, 간호사, 약국 등에 이미 지급한 비용을 돌려받을 수만 있다면, 나는 은퇴해서 그 수입으로 편안히 살 수 있을 텐데 말이야. 나는 정말로 오랜 시간 동안 심한 시련을 견뎌왔지만, 이제 내게는 더 이상 싸울 힘이 남아 있지 않아. 안나와 [판독불가]는 여전히 나에게 큰 걱정을 안겨주고 있어. 하지만 너의 너그러운 마음 덕분에 하늘이 더 밝게 빛나고, 세상이 더욱 아름다워 보이는구나.

평소처럼 크리스마스에는 호랑이가시나무로 된 화환으로 [판독불가] 어머니의 초상화를 장식하고, 양옆에 두 개의 양초를 세웠단다. 어머니는 마치 그 모든 것을 알고 계시며, 이를 기뻐하시고, 우리를 응원하며 희망을 보내주고 계신 것처럼 느껴졌어.

너희 모두에게 많은 사랑과 축복을 보내며,
에드.

한국에 있는 사랑하는 친구들에게[21]

여러분 중에는 최근에 뵙고 즐거운 시간을 보낸 분들도 계시지만, 한동안 뵙지 못한 분들도 많이 계십니다. 여러분 모두에게 따뜻한 크리스마스 인사를 전합니다. 이번 여름에 가족 모두가 참석하지 못했지만, 멋진 가족 상봉을 가졌습니다. 우리는 여전히 에드와 수 그리고 그들의 가족과 가까이 지내는 기쁨을 누리고 있습니다. 놀라운 축복이 가득한 삶입니다! 여러분 각자가 매일 주님께 드리는 모든 섬김에서(주님 외에는 누구도 알 수 없는) 예수님이 이 땅에 가져오신 진정한 기쁨을 발견하고 계시리라 믿습니다. 여러분이 한국 사람들 가운데 주님의 오심을 선포할 수 있는 이 특권을 누리는 것에 저도 함께 기뻐하고 있습니다.

문제가 많아질수록, 그분의 은혜는 더욱 커집니다. "은혜, 빛, 영광과 기쁨, 영원히 지속되는 그 모든 것." 성탄에 이 모든 하늘의 축복이 여러분에게 가득하길 기원합니다.

사랑을 담아서,
캐롤라인 B. 아담스.

---

21 제임스 아담스(James E. Adams)는 미국 북장로회 파송선교사로 대구 지역에서 사역하였다. 이 편지는 아담스 선교사의 두 번째 부인인 캐롤라인 B. 아담스 여사가 대구 선교 기지 소속 선교사들에게 보낸 것이다. 아담스 선교사는 1909년 10월 31일 넬리 딕(Nelly Dick)과 사별한 후 1912년 9월 4일에 캐롤라인 배브콕(Caroline M. Babcock)과 재혼하였다.

원문

Feb 9, 1920.
Taiku

Young Men's Day

Rev. George H. Trull

In a public address I recently heard the expression, 'Yesterday is of old time, by this the speaker meant to indicate the rapidity with which changes are king place in the and which was formerly called the land of the morning. In the last twenty years not only has the city been transformed [illegible] recognition by the introduction of railroad, telegraph, electric city, water supply, public buildings, schools, roads, auto lines, factories and the like, but the greatest change is best to be found in the spirit of the people. "In the land of the morning calm" old age was reverenced and grey hair held sway in politics, in social life in the here. In modern Korea young men now hold sway and move with such rapidity that the former generation become dizzy in their vain attempt to keep up with what is going on about them. This is the young men's day. Since the independence movement broke out last March, followed as it was by thousands of arrests, tortures and imprisonments, the young men have already attained a degree of independence of thought and of action of which we did not think them capable. They no longer consult their elders, neither are they deterred by fear of consequences. A few days ago the young men in one of the city churches held a meeting and determined to remove the time-honored curtain which separates the sexes in the church service. They have also organized a young men's association for the suppression of vice and the general public welfare. It includes Non-Christians, Buddhists, Catholics and Protestants. They of course recognize that the police would be suspicious of their motives and therefore as a first step they went to the chief of police, outlined the purposes of the movement and invited the chief to speak at their first public gathering. This indicates that there is a new dynamic which the church may utilize for good, but which if not recognized and given an outlet will seek such outlet elsewhere and leave the church shorn of its strength and largely without hope for the future. The General Assembly of the Presbyterian church of Korea at its last meeting organized a 'Forward Movement, with a three years programme and definite line of advance determined and percentages agreed upon. The opportunity of the church today is to turn this progressive spirit of the young men of the church to the accomplishment of this programme of the forward movement. The three years programme includes in the first year nine definite lines of advance. Among these are family prayers, increase in church attendance, career subscriptionists for the church newspaper, increased attendance at Bible Institutes and gifts for foreign missions and pastors salaries. The second year programme includes revival meetings and special Bible Conferences, while in the third year the results are to be gathered and crystalized in young people's organizations and Sunday School work. Even the small boys seem to be in training for on every street corner and vacant lot may be seen a group of boys playing that form of baseball which used to be known in baseball parley as old cat. No gloves or masks are needed for they use a light rubber ball and a good stout arm takes the place of a bat. The batter must run to first base and back, the fielder's object being to hit him with the ball before he can reach home plate. It is as if a tidal wave had struck the country and broken in a thousand ripples upon every street corner and back alley. The high cost of living has struck us and everything has jumped many fold in price.

Wanted a Volunteer

The word for people is "Paiksung" or hundred names. This means all the people in the same way. "Paikmuri" means a hundred things which includes everything so that when you hear on every hand as one does these days "a hundred things have gone up" it is but the Oriental way of describing that enigma of the economist the high cost of living. This expression has already become a common place and while it spells consternation to many we all feel it means that man power and man values have risen proportionately. The Gospel teaches the value of the individual and the same Gospel is the best means to the realization of the same. One of our most efficient agencies has been idle for two years, waiting for a doctor. Buildings and equipment and a golden opportunity all waiting for a God-Called doctor.

Henry M. Bruen.

Jul 13, 1925.
Kyoto

WHERE THE TIDES MEET

The Japan current sweeps the shores of the North American Continent, marvelously changing the conditions of life. But it is still more apparent that the Western current from many lands has swept over the little Island Empire, making such revolutionary changes almost within a generation that one feels at a loss to know whether this is Orientalized Occident or Occidentalized Orient.

The fishing Junks at the fishermen standing the bow-sprits with spear poised overhead looks like Japan, but the picturesque reed sail it "chunk-chunks" its way along leaving behind a trail of smoke. On shore the rickshas are still in evidence but Ford's taxis honk among the thronging foot-passengers, who crowd the streets there are no sidewalks--; bicycles whose riders present all possible styles of dress and undress dive in and out among the throngs: this one is carrying a pile of boxes higher than his head; here a restaurant man is guiding the wheel with one hand while piled high on the other he bears aloft a full course dinner, tray upon tray; here and there are wide-awake-looking young businessmen making their way among the crowd; there, in front of "Matsuya's Silk Store" a group of children, dressed in cheap imitations of American-style dresses, are playing with a small rubber ball; men and women with baskets hanging from a street-pole over the shoulders cry their wares along the street; car motormen toot vociferously even when no one is in the way; there goes a woman wearily dragging a laden cart while yoked to her with a leather collar trudges her little girl. Japan is rapidly becoming an industrial nation; intensive agriculture cannot provide a means of livelihood for her rapidly growing population. The factory with its attendant evils of child labor and intermingling of the sexes is apparent in every large city. But what is that man doing? Standing up in a jinrikisha, at a street corner, arrived in the priestly robes and with the shaven head, which proclaims him Buddhist he seems to be delivering speech to his coolie who stands before him with a bored expression on his race. On the ground in front of him is a lighted candle. Now he motions the man away, and descending from the carriage, rubs his hand bows to the candle; he stands first on one side and then on the other, going thru these fantastic exercises in obeisance to the candle. The coolie has gone and seated himself on the curb and is smoking his pipe. At another street corner a man is addressing a crowd. Let us ask this man what he is saying. Ah, it is a Christian service being conducted. Shall we go on down the street? What are they doing in that busy bazar, I wonder? It is another form of Buddhistic service. In one of the stalls of the bazar two priests are kneeling before an image and lighted candles chanting and punctuating it betimes with beats on a tom-tom. Seated behind them rows of women are joining in the chant, undisturbed by the passersby. There is a group of young men evidently intensely interested in reading a notice. It is a baseball score which had just been reported by radio!

This is Japan where the tides meet and swirl in ever changing and shifting currants.

Oct 30, 1926.

Bruenslair, Korea

Dear Dr. Woodcock

On Monday Oct 11th I was scheduled to leave for a two-weeks trip in the country but the laws of Bruenslair are against starting on a long trip on Monday because of the difficulty of getting things like bread for two weeks etc ready on Monday A.M. Furthermore there was a unique opportunity to see some worthwhile archeology. The Swedish Crown Prince had core to Taiku and been taken over to Kyeng Ju to view the old historic remains of Korean a past glory in the royal tombs ancient temples, pagodas and monuments and rare treasures in the Museum there, consisting of gold crowns, bracelets, earrings, rice bowls, marvelous jade flutes and ornaments, great stone coffins, suits of mail, relics of the stone age, the great bronze bell etc.

These we had seen and could see at any time but the Japanese had unearthed a royal tomb, whose, was not known. In fact originally it was not supposed to be a royal tomb. But this one was opened for the sake of the Crown Prince of Sweden who is an eminent archeologist. Two of our station had just returned and their description made us all wild to go. I made up my mind that after nearly 30 years here it was up to me to know a bit more about the country. So I wired the country church that I'd be one day late and Dr. Fletcher and our family took other friends along and Hiked out with Felix and Felicia for Kyeng Ju. We arrived as per schedule and we were fortunate in finding everything intact as it had been unearthed. The golden crown, earrings, bracelets belt were all lying as they fell from the disintegrated body. Pieces of green jade were to be seen everywhere. A golden rice bowl and a beautiful blue glass bowl were perfectly preserved beside all manner of earthenware vessels, a bronze teapot etc. Even a few pieces of the old coffin were still there and a Japanese was squatting along side making a careful drawing of everything just as it was. It was as good as having a look in on old Tut.

We had a fine day. Got back about 10.P.M. and the next A.M. saw me and my country cook starting off for the country. Everything went well and I left Felix in the Police station while I walked to the nearby churches. After a week I returned and while spending Sat and Sunday took a terrible cold. I had preached for about 15 minutes to a full church when I had to stop and move outside the door in order to reach the people standing in the yard for whom there was no room in the small room. Sunday I felt bad and Monday I realized that must call off and strike for home. A Christian chauffeur (he can only attend church Sunday nights) saw me working over the car and helped me a lot. There was a cold wind blowing but Felix's glass windows saved me from it and we reached home without accident. The doctor said it was diphtheria and pumped me full of horse serum. Two his doses sufficed but one week later gave me the most excruciating suffering from hives all over my body. Two hypodermis of morphine only gave me an hour's rest and hypos of some other medicine(adrenaline?) kept me from flying the handle. But we are very thankful now that we are around. I say "we" as the strain of day and night nursing brought Mrs. B. down for a day or two. Felix certainly came in handy.

Harriet was one of three representing her school in a debate vs. Seoul her school won, also in basketball and thereby secured a silver cup offered by Dr. Lodlow of Severance Hospital for the best out of three contests. The other was Baseball in which Seoul won. We had a letter from Dr. Roberts of Pyeng Yang in which he said Harriet did very creditably. Our dear children are certainly a great joy to us.

We do not think it will be possible for Mrs. Bruen to go home next summer but now are thinking of trying to have Nan come out after graduating, remaining a year with us and then take Harriet back with her, possibly graduating, via Europe if that should be possible at the time.

Miss H. E. Pollard, principal of our girls school, is home on furlough. I hope you may meet her.

With kind regards to the family and our many friends. Yours in the service.

H. M. Bruen.

Jun 16, 1927.

STORIES FROM TAIKU

Cho Tai Nami had been going to the church on the hill. There she had learned that God was our good Heavenly Father and gave us all the good things we enjoy. She loved to learn the songs she was taught. None of her family were Christians. She told her father and others about what she had heard and begged them to go with her. One day the father agreed and thereafter went regularly. I recently visited that church and examined some twenty people for baptism and for the inquirer's class, Tainami was among the former and passed an excellent examination. She could tell the story of Jesus' birth, miracles, parables, death, etc. She recited the Lord's prayer, the ten commandments and the apostle's creed. She also gave a good testimony when I asked her about praying and working for others. She also understood the meaning of the Lord's supper and baptism. She had such a bright sweet face that I was attracted to the child. Later I was examining her father for the Inquirer's class where they study in preparation for baptism. I asked him who it was that had led him to Christ. "My little girl Tainami," he replied "kept urging me to go until one day I agreed and went. I found she was right and now all eight members of our family are attending regularly." Tainami is 13 years old.

Yu Dosuni is a bright girl and is always the first one to meet me when I go to her church. Her father is an evangelist and therefore has been away from for most of the time during the last 15 years. For over a year he was in jail for crying "Long live Korea". But during all these years the mother got her family together for family prayers every morning and evening. At evening prayers they brought out no books but each in turn recited a new verse of Scripture he or she had memorized during the day. Then they sang a hymn from memory and the mother called on someone to lead in prayer.

Tainami has two older brothers. The eldest is married and is now leader of the church. There are also four sisters. Dosuni is the second and is now 14 years old. The other day I was there and sure enough it was only a few moments before Dosuni appeared with her little sister on her back "Well Dosuni" I said "how many verses of the Bible can you recite now?" "About three hundred" was her quick response. I tested her here and there, sometimes quoting the verse and sometimes the reference. She was right there with the answer. I asked how many chapters she could recite "Not so very many whole chapters" she replied. How about the first Psalm "Yes" and the 23d? "Yes" and so with several others. Can you recite First Corinthians 13? "Oh, the love chapter? Yes". "And how about Romans 12?" "Yes and a good part of Matt. 5" etc. Her big brother tells me she knows more Bible than any other one in the family. She has had no other education beyond this. I am thinking of asking her father if he could not send her to school for a while if I helped him a little. What would you as she did think about it. I wonder how many of you could answer as well I also wonder how many homes conduct family prayers as faithfully and as well. You might tell father this story and see if he would like to try it.

1927

TEN LOST YEARS

Mr. Yi was one of my first helpers and the first elder I ordained. One day he received word that his nephew had been put into jail for stealing and he felt greatly chagrined and aggrieved against the person who reported it to the police and gave way to unrestrained anger. He left the church, was disciplined by Presbytery and excommunicated from the church. It was one of the greatest disappointments of my life. I prayed for him for many years. I wrote him frequently and always called upon him when I was in his town. The following is his personal testimony:

"I was a helper and an elder. I had dedicated my life to God and expected to enter the seminary to prepare for the ministry. But in that unguarded moment ten years were lost out of my life. I often longed to have someone talk to me but because I had been an elder people seemed to think I could not be told anything and so few talked to me about repenting. Again and again I would determine I would not drink again but it was all of no use when I met the old crowd. One day, a non-Christian friend called and urged me to keep Sunday. I asked, 'Why?' He replied, I overheard your two boys say, There's no interest in keeping Sunday since father don't. And now whenever he goes out he's sure to drink." I had often thought of my boys and had noticed their failing interest and this aroused me. I said to myself, "New indeed I am at a great crisis. If my boys once lose their faith it will be too late for me to repent. I must repent now. The next morning after a sleepless night, I told the boys to get down the Bible and hymnbooks. I called the family together, made a frank confession to them, after which I confessed to God in prayer and we began life over again. From that day I haven't touched a drop of liquor and Oh, how peaceful our home now is! I say to the family, 'My God is your God and your God is my God'.. Oh, the injury done to the faith of the many Christians in the large number of churches where I was well known! If I should write down all the harm that came from those missed and wasted years it would be more than the twenty seven books of the New Testament".

As I sat and listened to the above testimony and recalled God's gracious forgiving love in recalling him to his fold and again reinstalling him as helper on his old circuit my heart overflowed in gratitude.

Name - Rev. Henry Bruen.
Appointed - 1899
Location - Taiku, Chosen
Work - Evangelistic.

1928

Nearly 20 years ago I was visiting a country church where I met two bright boys, brothers. Upon inquiring their age each replied in turn "twelve". I of course judged that they were twins. But this was not the case. One of them was the son of a second wife of the most prominent man in the village. He built a church on his own property directly in front of his own house and the family ran the church. However when he found that neither he nor his No. two wife could be received into full membership he left and joined the Roman Catholics. Later he dropped them also. Thru' it all Mrs. Kim Pong Do, number "two" was faithful and tried in every way to get free. She was an unusually bright woman and for a time ran a little school in the church. Some years ago her husband died and she moved with her son and his family to Taiku, where she was a helpful in all the work of the church. Her son recently contracted T.B. and died leaving wife and three children. Mrs. Kim had spent some time in trying to get a hold in a large heathen village. But they were recent Yangbans (newly rich type) She therefore went to another village where she was kindly received by one of the leading [illegible] (or the real Yangban type) That was her delight to find the wife of the family was one of her former pupils in the little church school of former years. This meant a real opening, for she was also a connection of the family and having had a little education and knowledge of the truth she drank in the word and when I visited the group a month ago she was received as a catechumen. A mile distant there is a chapel and [illegible] a group of Christians. Some twenty or more came over after supper. We spread mats on the ground, hung up my lantern and some 150 people gathered while we preached Christ. At the beginning two man who had been drinking some, tried to break up the meeting but eventually left and we had a good time. I spent the night there and the next morning hunted up the two disturbers. One was apologetic and the other refused to meet us but many others apologized for his ungentle-manly behavior.

In a group stated two years ago a school building was given by the head of the village for a church. It was large and new building but without floors or windows. This year that circuit of churches took [illegible] collection and roofed the building with tin.

The same circuit have put on an evangelist of their own and have started a new group in another large village. Five new believers were in attendance at the recent officers' class for the district.

In another group of churches I sent a woman I was laying off from the Adams' workers, [Illegible] village for two months. The circuit have asked her to stay on at their expense. I spent one night there recently Two hundred met in the courtyard. Twelve new believers in this village and ten in the nearest churches are reported as the result of her work. This shows it stimulates others to preach and not vice versa.

Oct 19, 1935.
On train. [illegible]

Dearest Big Girl,

I broke into the middle of an itinerating trip way off new "Chung-an-sa," 70 miles from home to run in & meet Lewis Beegle a nurse friend of Claire's, at Chiefs yesterday. She Mr. & Mrs. L.S. Miller H. & I drove to Kyungju & back. H. drove both ways. Mr. Miller had never been there. [illegible] had a nice [illegible] of it. H & Miss Beegle left last night for Seoul & Chiefs, & I pulled out this a.m. to join Kim in Chiri - at K.C. - I'll take a public car 50 Li & then hire a bike & ride 30 Li further to the church where Dr. Hoyt went once with me. You may recall an interesting story about a stove for the church there.

Now dear, tomorrow may bring you some solemn thoughts and for that reason especially I'm writing you. Claire said, "you'd better write the girls." She's always giving me such tips - our dear mother's release - [illegible] what days these past ones were for me but how full of blessings the recall of that wonderful life is and has been. One of such sweet cheerfulness, utter unselfishness and always thinking of something nice & [illegible] for someone else. & such a good neighbor always running in next door with a few roses or strawberries or making something for a new baby that was expected. By the way you will already know that we are expecting something-about the middle of Feb. Claire looks and feels fine and I do hope she comes [illegible] all highs. Although as her age she may have a hard time.

I wonder when we may be receiving some such word from Alaska. The reindeers have calves up there don't they and I'm pretty sure I've heard about papooses. Take care of yourselves. Love to Fred. We are always interested to hear or read about Alaska. I forgot to tell you that Miss Beegle knows Gretta [illegible] Decker very well & drove with her to Beliders & met Mrs. [illegible] & the girls. Wasn't it interesting?

Heaps of love,
Devotedly father
Best to Fred always.

Dec 16, 1935.

Home.
TAIKU, KOREA.

My dear Nan & Fred,

Sunday is drawing near also another auspicious occasion. We three sit around and discuss the merits of his or her name. The Koreans are very outspoken in their congratulations. One said, "Paul had "난 복음의 아들", " my son from of the gospel." And evidently you are to have the same." Claire's name used to be "하복음". Claire has just picked up a cold & has gone early to bed with a Rhinitis tablet. It's so fine to have Harriett home. So far she has busied herself mainly with correspondence since she returned from her trip to China. She was gone about 30 days. We are having early century excitement but not wise to write [illegible] you my [illegible] something from the papers. Presbytery meets here tomorrow. I am having the usual struggles in raising helpers' salaries for the next year. Most do pretty well, some wonderfully well, as where one group jumped 1934 - from 7 per year for helpers' support to 120 & 1935 went up to 180 but in other circuits it's like pulling teeth. The weather until the last week has been moderate. One night it froze hard & it burst my engine, so I have another auto repair bill. H. hops in the car goes off downtown and comes back with her arms full of packages. How she manages I don't know. My tongue and mouth have been quite troublesome lately but I think a little better now. [illegible] is curled up in her chain by his chair in from of the fire-place. I hope you got your oil burner. I often wish for you with your mechanical genius. Clair's typewriter doesn't print the stems of the letter T it looks like +. We can find the trouble but [illegible] kid locate another trouble & fixed it. We've been having [illegible] meetings for 10 days for the Province following an all-Korean plan. The new first church building, the largest floor space in Korea was crowded so they had to install a loud speaker downstairs in the S.S. room where they heard perfectly. Mr. Bull came but got sick after 4 days teacher - spoke 4 times on Sunday & it finished him. He went home before the class closed. 30 pastors & 40 elders are here for Presbytery. Don't work too hard. Had a letter from uncle Walter with Christmas check for a few old friends. He's getting out a book.

Heaps of love, Father. xoxo.

P.S. Should we write N.S.T. after Alaska?

Jan 17, 1936.
Board of Christian Education AND
THE Synod of Washington Presbyterian Church of the U. S. A.
SEATTLE, WASHINGTON.

My dear friend Bruen,

 Your good letter should have had a reply sooner than this late date. I am sure that Emily Post doesn't approve of my vagaries in my correspondence. Please accept the congratulations of Mrs. Benbow and myself upon your marriage and the new home. We wish you both much joy and happiness and I am certain that these good angels will attend your fireside.

 We had the pleasure of meeting your lovely daughter and her husband when they were on their way to Skagway, Alaska. They were at Westminster House and she was so pleased that we had known you. We hope this contact with the family will continue.

 Now as to finding out who were the donors of those golf clubs you now possess, I haven't the slightest idea from whom they came except that the banker downtown gathered them together. I haven't been able to contact him. I am at a loss to remember the name of the man here and so didn't get far in my investigation. You may have to trust the good Lord to bring to their remembrance and imagination, how grateful you folks are for their gifts!

 The little booklet you sent me, "God at work in the Taiku Valley" with the picture of Rev. K. W. Kim on the front and your own on the reverse has been read with real pleasure. Those Glimpses--that is a graphic way in which to share the missionary vision. I am grateful for it. With my weakness for gardening, I fancy you in your picture as standing amid your flowers out there. May you have many years of your best service to Korea and for Christ as you look hopefully to the future.

Should we be still in Seattle when you have another furlough, Mrs. Benbow and I both wish for the pleasure of seeing you and Mrs. Bruen. Please put it on your program, won't you, if you come this way.

With all good wishes,
Very cordially,
[illegible_3]

Feb 3, 1936.

Dear Nan,

We've just had our second good snow-have people shoveling the paths. A letter from Ron asks about your "G. motors acceptance" that was called some time ago. Did you reinvest it in something & where are you keeping stock certificate or Bond? Please write Uncle Ron about it. So many things are being called. I've sent checks to him to reinvest. He has done this for me and for Harriette & will be glad to do it for you if you want him to. Keep a clear record of investments, and interest record etc. Has Fred taken out life insurance? With the "Pension Board" or otherwise. If not he'd better do it early as rates increase with every added year. A 20 year endowment is a pretty good plan. I expect he has already attended to it. Also both of you should make your wills. We are making out ours again [illegible] has brought it to mind. I went over to H. H. H, on Sunday & told the little kids a story there held Kathleen while Mrs. H played the Piano - just to get my hand on Claire is fine except for itching which annoys her at times. She plans to go up to P.Y. this Friday with Mrs. Lyon. She wants me to stay here where I can keep up my diet, rest in p.ms. etc. until she starts to the hospital when she will hire/rent. You may have word before this reaches you. Too bad to beat you to it.

Lots of love,
devotedly yours' Father. Xoxo

Feb 20, 1936.

P.Y.

The Day after!

My dear children,

Of course you have received the news today I expect. Let us know. How wonderful it all is. Claire left Taiku 2/7, & came to Will Blairs. She insisted that I stay till she wired when she went into the hospital. I received a wire at 8 a.m. on 19th & hopped the 9:40 a.m. express. Harriette had gone the night before for dental work to Seoul. When we got to Taiden I went out for a breath of air and walking up the platform a Japanese P.R. man came up & asked my name when I replied Bruen he handed me a telegram relayed by Lyon telling the wonderful news. "Henry Bruen Jr. born 5:30 a.m."

I wrote a letter to H. & had it ready to mail at Seoul. However before I got out in lobbed H. all excitement. It was so lovely to have her come with me. The W. Blairs & Dorothy A. met us, took us to the hospital & said they would return in a half hour. So H. & I marched in to see the new monarch and heir of Bruenslair- Say boy! He's some boy let him one! Not blue nor red but just lovely and pink. Open his eyes, yawns and yells at times. H. & I took his picture this a.m. has dark hair, rather high forehead. When he squawked I turned him over my knee. Early to be exercising my parental responsibility don't you think? You should H. She's quite a little nurse except when she gets her nose buried in a book. Really Claire came through wonderfully well. In the p.m. of 18th she took a long walk, had supper, went to bed about 9 & at 12 called the Blair's and came here about 1 a.m. at 5 a.m. walked downstairs to the delivery room & Henry Jr. arrived in a half hour. She says she did not have a very hard time & repairs were very slight, both are doing well, and we sure are very thankful. I have a dental appointment & a C.C.C. Board meeting in a few days, after that I will probably go home for 10-15 days till Claire is ready to walk home. The Nebuchadnezzar order has brought on a very critical situation here. Prayer is our only recourse that offers a solution. As letters are opened & read we write meagerly. Henry is nursing & [illegible] & he is smiling at each other while the roar of planes overhead continues day & night.

Clair says won't it seem queer [illegible] talking about "oori atal." But she say the Koreans would have been terribly disappointed if he'd been she. The nurses at Taiku sent a sweet telegram of congratulations & today brought a letter from "Su Poki" the Xray man. Everyone here is so glad for us too. These are wonderful days. I'm feeling so much better. [Dr. illegible] said my blood test taken a week ago should up twice as good as a month ago so I hope to continue to wear H's smile. Now I must run to Blair's for lunch.

Heaps of love to you both. How does it feel to have a wee brother? I kind of feel I must be it's granddad. Maybe I will be by the time you see your brother.

Sonny arrived on Harriet-Pollard's birthday. I expect she sent you word, (3110 Wellington [illegible], Chicago, Il) Oh yes, H. Blair has triplets - or Witts himself counted in quadruplets. (his Korean name you know is "Lee-pip". Clair says the only thing left on desired is a nephew or niece for Henry Bruens' Jr. [illegible] swiped my pen & when it went dry he swiped Claire's pen that I had rated up so I'm down to a pencil. But She's our little sister & it's such a joy to have her especially at this time. You may expect her to be a well-trained nurse by the time she comes to you. Again lots & lots of love.

Devotedly father xo.
Claire & H. join me.

Feb 21, 1936.
P.Y.

Dear Nan and Fred,

I wonder what you did when you got the word? I could hardly contain myself. I was in Seoul; had expected to go up Monday night, spend a couple of days having dental work done, & be in [illegible] by the baby's advent toward the end of the week.

But Dr. Mac, [illegible] for day, first postponed my appointment to Wednesday, then our baby came a few days earlier than we had expected. So, that morning Wednesday the 19th when I went up from a dental session to the nurses' home, there was the telegram! And there wasn't a soul in the house to see! Nearly hustling, I raced down to the hospital to Mrs. [illegible]'s room. (She is here under observation.) I like her so, & she seems pretty close to the family; so I was glad to see her first. I was so excited though, I almost cried. Back at the nurses' home I found Miss Lawrence. She must've popped, too. She's a good friend of Claire's, an awfully sunny, sweet person. Later the other nurses, & Lucy Matthews (S.F.S. teacher) drifted in, & Mrs. Fletcher. Fletchers were up for a Severance Board meeting.

Mr. Severance has left $100,000 for the hospital, by the way, I had phoned right to Dr. Mac, & he finished one filling soon after dinner & let me go on the afternoon train, where I walked into [illegible]. I had thought he couldn't be on it, but he had gotten an earlier telegram. My, the ride was thrilling! That evening Mrs. Will Blair & Joel & Dot met us with the car & drove us right to the hospital - where we are again now, where we are a good deal up the time!

To be baby is two days and a few hours old, & apparently feeling dandy, as Claire is, too. He gave short warning, about five hours, & at the ends fairly sprinted, surprising everybody. We've just been taking some snapshots of him, but he wouldn't look his best for them. Some who have seen him say he looks like father, but I can't see it. I suppose everyone sees a baby differently, but I am struck especially by the definiteness of his features & by his terribly intelligent-shaped head & high forehead. Of course, his scarcity of hair may account for the latter. Nor that he has so very little. It's fine & lighter brown, so high on the top of his head that I guess he'll begin by being a towhead like the rest of us. He has ordinary eyes, long lashes; a big nose (for a baby), rather mussy; a lovely Aegid - low mouth, & quite a good chin, ears beautifully close to his head.

He has the gravest expression (perhaps because he has had such a mite of nourishment as yet)—it's really awesome! His intellectual head & forehead put you on your guard; then his gray-blue eyes (just about the color of this ink), instead of staring, glance about from under casual lids, while a frown and the expression of his mouth give the impression that he doesn't think much of what he sees; then he blinks & closes his eyes with a look of weary, disturbed greatness! If you don't believe it you might to see him once!

I have just had dinner at the dorm, with the teachers; it surely was natural. Tonight the graders are giving an operetta. Tomorrow (Saturday) Father & I think we'll "대접" the Henderson kids & Lorene - taking them to lunch at Minikai's, and if there should be a good matinee...I saw a [illegible] poster somewhere.

Do I write too many letters about our small brother? We're not calling him anything yet - just "he" & "him," but we seem to prefer "Harry" to "Henry." So, though it may be confusing, "Harry" it will probably be.

Loads & loads of love, from
Harriette, Harry, Jo
Xoxoxoxoxo

Mar 7, 1936.
TAIKU, KOREA.

Dear Nan & Fred,

No word lately from our home missionaries- hope you have kept well thru' this cold. It's been real cold here today it's moderated. Claire & H. are still in P.Y. I wrote you I think about His arrival how wonderfully well everything went. Short labor not severe, baby o.k. milk wagon stopped for schedule on 3rd day. Everyday I get a [illegible]- "all fine - one grand good boy slept from 11 PM - 6 AM etc." We surely are thankful. I left there a week ago for CCC. Board meeting & dentist engagement came on home & plan to go up [illegible] & bring the family back on Thursday. I had another blood test, and Dr. says I'm coming on finely & ought to be able to go to work by April 1st, very thankful. Apparently, the same mouth condition was connected with anemia & liver & liver extract & spinach, rare beef at meals & [illegible] at 11 AM. & beef juice & eggnog at 3.30 P.M. has brought one back in good shape. I'll go a bit slow when I start not jump with high gear until the engine gets well warmed up. I attended the men's [B.I.] graduation. Blair took my place as principal. There were 86 enrolled originally but dropped to 75 in the 2 months course. 8 graduated of [illegible] I had 4-five fellows. 2 of these were snapped up by 2 churches for several months special preaching work. "There is no greater joy than to see my children growing up in the truth" said John. I agree with him. [illegible] will be glad to see the family. Though I don't know what she will think of Henry Jr. when he [illegible] I wish you could see him. He's such a clean sweet little kiddie. God bless you both.

Yours as ever. With lots of love.
Father xo.

(Envelop backside)

woman tells me your wife's signature should be on file with my tank where you have an [illegible]. It would avoid a lot of trouble. I suppose same applies to Fred.

Mar 16, 1936.
TAIKU, KOREA.

Dear Nan & Fred,

It seems ages since we heard from you. Today being Monday we always look for foreign mail but none from Alaska. I do hope you are not ill. We will surely hope to hear by next mail. Meantime we've been having great doing. Claire went to P.Y. Feb 7. Prince Henry arrived Feb 19. She went to the hospital in P.Y. that A.M. at 1 o'clock & baby arrived at 5:30 A.M. Harriette & I chased up on the a.m. Express only knowing she had gone to the hospital but he had already arrived. Both were doing well. After 4-5 days I returned home till March 9. Then went to Seoul & there to P.Y. on 11 and left on 12th arriving here on 13th Friday and our day in [illegible] Council Prayer Calendar. Slept well - no peep all night. H. went down one day ahead & met us with Felix- all are doing well. H. is learning nursing. He seems to have blue eyes & dark red hair. Claire got the distressing word that her father had died. So she's rather broken up. I'm very much better, had practically [illegible] mouth trouble for 3 months. I'm still taking capsules & hydrochloric acid 10 drops after each meal. I expect to get to work April 1st. I'm mighty thankful. Word from your uncle Ed. is most distressing as he says Anna is sick & [illegible] is cracking again. Poor man he sure has had his share. Write to him & to us.

From father XOXO

Sep 1, 1936.
Home

My dear Nan and Fred,

We have prayed daily for some word from you and have chased the mailman for some months past as we had had no word since your letter saying you were going to P.B. We however heard thru your uncle Ed and uncle Ron that they had heard from you in Dakota during a terrific heat wave. Yesterday we received yours written on [illegible] eve route P.B. and were so thankful to know all about you. Mighty sorry for your accident but with all of your strenuosity it's no wonder. Be mighty careful hereafter as a recurrence may be expected if not very careful. I don't know where to begin. We had a lovely summer at Sonai everyone said mighty nice things about Brother. Mrs. Underwood said "he'd better cut off those dark eyelashes else some girl would switch them" etc. He trebled his weight 6-19 lbs. in 6 months. He's a great joy to us. We planned to go to Sariwon (station) & catch the 11:25 a.m. express due at Taiku 8:40 p.m. same day. Our auto was late though we got up at 4 a.m. to make it so failed & went to Haigu. The train we planned to catch was the last that got thru. We spent 4 hours in Seoul, 13 in Taiden, 7 in KimChun & 6 at the next station, making one day & 2 nights on the way Seoul-Taiku. The rain had been on for a month and the water was over all the face of the earth. So to speak, I've invited an Englishman, wife & 3 kids to stop over with us as they could not get thru directly to Busan. They were nice people & seemed to appreciate it very much. They stayed with us over Sunday when the direct route to Busan was again opened. On Tues. -yesterday- our furlough folks returned and we are a full station for the first time in years. Miss Pollard, Adams, Mrs. Lloyd, Henderson + family, the Clearances are due shortly. Miss Pollard brought a friend along to teach the kids. The Adams are here with us & are all fine. Jack A. Dick- H, Betty, Ann + Dorothy H. Lloyd's & Mrs. L. Henderson are taking the night train. We've had terrible floods & it's been raining hard yesterday & today so I'm anxious till we hear of their safe arrival. The Crother's, Miss McKenzie (all just [had/bad]) & the G. Adams [3] all left here Tues. night at 5 p.m. for Andong [ride] auto. It was a wild thing to do. The [Fletcher's] furlough is due now but they may wait over a year or may go anytime. They both need it. They just took 2 weeks at Sorai [illegible] vacation last year. The cooks, legates, & Clarks were ordered by their consuls on try [illegible] & can't go back. The new Board missionaries, Bruce Hunt, Dr. Byron & 3 others may take Manchuria as their work.

[Ned] is bringing a tent truck & may get a [illegible] & [illegible] for helping in tent evangelism. Write soon for it's no telling when or where we will get word I suppose. I wish you could radio say to Seattle or to Skagway & get word out that way. I should think with the [illegible] represented there. You could make up some way to get word out to somebody who could pass it on to us. We think of you as in your new post and immeasurable questions await answer. Sue Adams says Mrs. J.R.A. spoke most kindly of what a dear Fred's mother was. I'm so glad you had that visit.

Now must go to supper. God bless our dear Pioneer Bruencs Devotedly your Father xoxo.

P.S. Here comes Brother to see his Esquiman brother and sister. Isn't he a darling though. We just sit and wonder at the miracle. Don't you think so? The storm & rain has done untold damage in the last 10 days. Especially the one starting Aug 27, which day we left Seoul for J.K. Hundreds & thousands have lost their lives & many more their homes & crops & fields. Our guests have gone. Ned & Sue have gone to their own home. Tomorrow I go to a country Church & take a Dr. Thompson whose daughter is to be schoolteacher here with me [illegible].

Sept 21, 1936.
Taiku, Korea.

My dear brave children,

We think of you often and you do seem very far away. Perhaps you don't think of yourselves that way but everybody holds their breath when they hear "Point Barrow" mentioned. It's fine that several times in the last few years it has been prominently mentioned in the papers with some write ups, and of course "[illegible] to the Christ" has been widely read. [illegible] [Will] [Rogers] and his companion again brought it before the public. I don't know where to begin. We wrote you a number of times addressing to Point Barrow so they probably sent [n.] with you. We are anxiously awaiting some further word for we've only had one letter after several months silence and that relieved us considerably and was written on your way [illegible] near [Junsan], I think. I wonder if you didn't mail some word from Nome which would reach us quicker than from P.B. I was going to say a [Mrs.] [illegible]. The only woman field secretary of the B. of [L.M.] was here and she said a Mrs. McConnel] Pres. of Presbyterial living in Youngstown Ohio had said that she had written Mrs. Will Rogers suggesting that she give a million [or] so (she's very wealthy) to helping the Eskimo children at Point B. as a suitable memorial to her husband and that she had received it favorably and had it under consideration. That might be a great Godsend for you but would require great wisdom in its use. Not to establish "non-support" idea. But it would enable you doubtless to send some worthwhile young future leaders out to get an education and more pictures of worth while things etc. I wish it might be followed up. Maybe I'll write this woman myself. Also Mrs. [Duguid] said a charming young woman had sent her regards to me. Gertrude [Swab] of Ashley. She was out [mother's] wedding and I think was some relative she is a fine businesswoman and Pres. of the Presbyterial and her home is always open to missionaries and she gives her time and money most liberally. Did you ever meet her? I'm writing to her. We had a [long] summer at [illegible]. Claire sent you some snaps of brother. Isn't he a peach? Everyone says he's a perfect specimen. Can you [beat] it? I've been over at Kwangju as a delegate to the Pres. Gen. Assembly for 10 days and just got back Sat noon and then yesterday had to go to KimChun and back last night and go out for 8 days [itinerating] tomorrow so am busy but can't pack till Sunny wakes up. He weighed 20 ¼ Pd's a few days ago at 7 months. Claire found some of Nan's old letters. Some written in 1900 after I came here but before I went home to be married. They are fine. She was indeed a wonderful woman. The [Chamness] family is back with [Mrs. Mitchel] Helen's mother. Claire's furlough is due in '37 and mine in '39 so may split and take it in '38. What chance is there of seeing you We'd [wait] [illegible] till '39 if we could see you. She has had a dandy time and is now in Paris. I'm so glad our little sister is getting her [fling] - It will be great inspiration and value to her all her life. Pak Tai Chun is back from Westminster chorus music school at Princeton after 4 years.

Lots of love to you both Num 6:24-6
Your devoted father xoxo

Sep 30, 1936.
On train
going home

Dear Fred and Nan,

I've been out for 8 days. It's been fine weather or [illegible]. We've had a great deal of rain for the last 3 mos. with terrible destruction of crops, fields, homes and a lot of people drowned. One feels selfish to have a safe home and income guaranteed against liability to face such destruction and desperate need. We have given something over Y150 but still meet demands for help which are almost [illegible]. But we are so thankful that we are glad to do what we can. The KimChun Church which has grown by leaps and bounds has just had a most unfortunate experience. The city and police asked that the church might be used to house temporarily to house the 600 flood sufferers at first the [session] and officers voted to do so but later the pastor thot it best to put it to vote of the congregation and it was voted down. This was great mistake as it would have made a favorable attitude on the part of the officials and also have been a wonderful opportunity to preach to the 600 people while there. When the first permission was recalled, it made such a [illegible] and brought such severe criticism in several newspapers that the pastor and [Bib. women] have resigned and I'll have to look after it till we can get another pastor. He's such a fine man and has more [illegible_2] the congregation and [illegible] doubled the size of the church building that this mistake in judgment is most regrettable. I've been sleeping in the church Building as it's not cold yet and the air and [illegible] are appreciated. I have 2 ½ days home and then Go out for another 8 - 10 days. I'm glad to get going before it gets cold - Oct. 1st the young women's B.I. (15 - [illegible] years) opens and Mrs. Lloyd Henderson is in charge. Mrs. Cook will also help and [illegible] will help Bill Lyon and me in some tent meetings. We have all our station members back for the first time in a long while. [illegible] mother-in-law is here also a friend of Miss Polland's who is teaching the little station kids. I wish you could see brother. You can the difference each week. He's growing so fiercely. Claire devotes himself to him and of course knows just how to feed him etc. He's a great joy to us and we are so thankful. As I look out of the window I see a field with a post in the middle and straw ropes to the 4 corners with a rusty tin can near the post. A kid wiggles one rope and they all wobble and the can rattles and scares away the sparrows. You don't need that in Barrow. Your uncle Ed writes a most pitiful letter. Poor man he surely has had a hard time. Pooney goes out some with Marion but it seems utterly discouraged. He writes from Paris -five letters- she will be helped all her life by this experience. Just think how far my dear children have fled from the home nest. You are far more a prisoner than we are out here. We will be so glad to hear from you after arrival.

    I enclose some of sister's letters. I found brother and Claire ok. He crawls about now, eats chook, spinach, toast, eggs as well as milk which he's beginning to take from a cup. He's some boy with lots of love to you both.

>Devotedly your Father

Oct 13, 1936.
Home, Bruenstair.

My dear Big Girl,

With only 3 mails per year it's hard to keep ahead but Claire handed me this and suggested it wasn't too early to start off birthday greetings. It seemed long way off yet but there's no telling when you get it. I hope before Feb 1st 1937. It was a great day when you landed here. We had been married 3 years and sometimes wondered if we were not going to have the joyous privilege of holding a bee baby bundle in our arms. There was no duty on this package. You surely brought great joy to your fond "parents" and you've never been anything else. Now here's to "Many Happy Returns to the Day" You might let me know sometime when Fred's birthday is and in what year he was born. I wonder how you can celebrate. Can you call up a Sled-Taxi most any-time you want to go downtown to get a soda. I suppose whale steak or walrus Chaps or reindeer roasts will have to answer for turkey. God bless you. You seem so far off dear but we are in God's good hands and care. How glad we will be to hear from you. Baby sure has [illegible] of energy. His feet go as if he were in a race. He's sure a dear. Claire is nurse amah mother in one & a good one too.

Heaps of love to you & Fred

Oct 25, 1936.
9 rue Rataud, Paris 5 e.

Dearest Family,

Happy Birthday for Tomorrow, Father! But it will be so long past when you get this. And I haven't gotten a thing for you yet. I'm the world's worst, really. But the time goes so fast, particularly now that three afternoons a week are filled in advance. It all goes pleasantly, but how it goes! Yes, I received the birthday check, & this week another for $ 50.00, dated Oct.1. I can't thank you enough. I'm sending them to the bank as I have enough to go on in am. Esp checks here. The $200 that I have drawn became 4,252 francs, thanks to the devaluations. I must get my accounts in order as best I can & let you have them.

I've also received the stamps, Claire, which I'll divide between a bag in my S.S. class & Jack Noris. I've given them to Jacques because I owe them so much & thanks a lot for them, & for the paper, which you see I received, & above all, for the snaps, - darling, darling, darling.

As your letters have been coming to the Norris', Mrs. [illegible] brings them to me at school. She enjoys surprising me with them. And Christian has still another name for our adorable: it's Bernard - Now do you like that? She calls all babies Bernards, since she knew one once. The old Madame doesn't call me this because she couldn't make the rest of the family abandon Harriette. She gets along without calling me anything, which suits me quite. She's a terror, that woman, always finding fault with everything her daughter does & rating her like an infant in front of everybody; an old witch with the children. Every Sunday Madame's two scotch sisters-in-law, who live in Paris, come for tea: her mother shuts herself up in her room while they're here, & afterwards tells Christian that aunts don't love her poor little darling. Madame D. is a martyr, without lying down to be wacked over. She lets things blow with the alliance group to Versailles for a lecture-promenade. It was a bright tranquil day, & the woods all gold and amber and brown. I made the acquaintance of some new students, among them, a Czech fellow with a grand personality, unassuming and friendly, he makes friends right and left. He is an engineer & an amateur journalist & pianist; knows English well enough to be following a night school course in English Literature, but we talk in lunch: a good reason for having a date with him Tuesday afternoon, don't you think?

Monday & Tuesday are holidays, coming between terms. Have I told you that I've decided to take an hour a week at the Institute of Phonetics at the Sorbonne? They tell me it rates high in America, & if I stay until the end of February & pass the exam I can get a certificate from there as [illegible] as the alliance diploma. That is better, for me, than to take the teachers' courses at the Sorbonne, which require a year, are over, and is still [illegible] with the children. They & Paulet and I adore her to the limit. Paulet is the other student who came, she is Algerian French, very bright and very nice. I went with her to a matinee performance of "Madame

Bovary." It was something wonderful; I'll never forget it.

I celebrated Halloween by two parties: one, of the young people of the church, - was hackneyed and rather stiff; the other was the youngsters' Sunday school party, also hackneyed but grand fun. I wore the green spotted white dress you gave me, Claire, hiked up, with a green sash & a green bow on top of my head; and people did take me one of the twelve-year olds. I brought home a red apple & made a jack-o-lantern the next day for the children. Oliver liked it and made another one. We put candles in at night & [illegible] came into the kitchen to admire but old madame, who sneered, "Some people are always amusing themselves." Our stunning autumn day went very stiff & not so practical, including a study of old French & that sort of thing. I have written to Mr. Sottan, but must get off other letters as well.

I've heard from Liz that she is at the Westminster Choir School in Princeton & loves it.

I'm so glad the Cooks are in Taiku, for a while, at least. With whom are they staying? Do give them my love, & the rest of the station. I dreamed one night that Mrs. Blair was here to meet Susie & [illegible]; it was a lovely dream!

For you all: xoxoxoxoxoxoxo
Harriette

P.S. I did ask for the black jacket of my woolen suit, didn't I? That is, if it isn't already handed on. I don't know how I left it & brought the skirt. I'd also like a [illegible]. Or 2 of that soft paper for colds & cold creams. French Kleenex is everything but hemmed & with a lace herder, - very high. Also my Korean dress, I'd like it, if you still have one, one of those standing calendar pictures of a Korean country church, to show in S.S.

XO

For the Darling Adorable.

Nov 28, 1936.
418 West Stafford street
GERMANTOWN, PHILADELPHIA
PENNSYLVANIA

Dear Harry,

May I trouble you to convey the sum of money called for in the enclosed check to my first Korean friend and teacher Rev. Yung-Cho Pak. And incidentally when you write again tell me something about him. I sent him a similar remembrance last year and never heard from him. Give him a letter addressed to me and tell him that I would greatly appreciate a letter from him sometime. I might still be able to puzzle out the sense if he writes in eun moon.

Christmas is rapidly approaching. We expect the usual house full and the days are additionally busy owing to the fact that our niece Lila Barr is to be married on the 19th to Herman Propst (who has been living with us for the past year- African missionary boy-to whose sister our Winn has attached himself irrevocably as it now appears; at least they are engaged).

Winn is holding down the remnants of a congregation split by the Machenites and will probably do so through the Winter.

Liv is interning at Germantown hospital Marjorie is at "Biblical" in N.Y. Mary has a "permanent" (curls in the back) and looks very grown up.

We think of Fred and Nan as probably having a white Christmas! They are brave souls. I couldn't live up there in the dark for six months. I would smother! I don't know whether you are supposed to know that your wife and I are having a clandestine correspondence but will you kindly tell her from me that the matter has been attended to; AND DON'T ASK ANY QUESTIONS.

Philadelphia is crammed full of Army and Navy followers today for the annual football game. It is to be in the Phila Stadium and 102,000 are expected to be present. 101,000 will have pneumonia tomorrow. It is a raw frigid day with snow threatening to come in large chunks at any moment.

With affectionate / greetings, [illegible]

Thanksgiving Dinner: Our family plus Mary & Huldah Jean Monroe, Helen Berhheisel, Jim Crothers, Urchie Mather.

P.S. Navy won this afternoon 7-0

Dec 6, 1936.

Dear Children

This means, Nan, Fred, and Harriette. Away a long, long way from home but each doing his and her bit for the world as God has shown the way. We are proud of you and may God's favor ever be your most prized possession. It is Sunday night. Claire and I have been reading by the fireplace and before I turn in I must have a word with our dear ones. HARRYSON occupies the center of the stage whenever he's around. He's such a darling. After supper I gave him his bottle while Claire got his "chook" and carrot mash which he eats from a small spoon. He loves his cod-liver oil which he takes A.M. and at night. He has not gained much lately but seems perfectly well at 22lbs. He wrinkles up his nose and opens his mouth and falls on your face for a kiss. He sits for hours in his high chair, your old one with a tray attached Also he loves to crawl about on the floor which he "early-child" in fine shape which makes more "balli" work for the servant. The men's class closes tonight. Two weeks ago they celebrated the establishment of a new presbyter at Kyeng Ju, called the "Kyeng-tong" Kyeng after the province and Tong for East. We almost all went out for the celebration. They have been holding a separate class out there this week so there were not so many here as usual but the work moves along just the same. I am working on Isaiah, Ezekiel, Romans and John for the B.I. in Jan. I tried taking the purpose of John as described in 20:31 and went through each chapter to see its contribution to the thought Claire has been reading a lot of Nan's old letters many of them dating from 1900 and dealing with your arrivals etc. She surely was a darling and a wonderful woman. Her love for "her boys" comes out in every letter. Claire has found some old letters that I wrote when a kid and a poem that Nan wrote upon my arrival. She has got quite a lot of side lights on the family from them. Poor Uncle Ed. is just about all in. I sent him a Northern Pacific bond which came from your mother's estate like each of you has. This in my will was to go with the other securities which came from Mother to you girls before the division was made of the rest of my things. So while I lose the interest on it the principal is really a contribution by you two girls So you have given your Uncle Ed. $500. each. Pomeroy has been taken away to a sanitarium upon the advice of Dr. Hills who went there and saw him and Uncle Ed's letter was pitiful. I feel that Mother would approve and I'm sure you will too. Harriette is still in Paris as her letters which we are forwarding to you will indicate, until Feb when she hopes to get some certificate which will set her up in getting a job. I wish she could find as fine a fellow as Fred but they don't grow on every bush I hear you, Nan, say. How glad we were to receive Nan's "flier letter". We hope to get one at least via the Nov. DOGSLED MAIL which was supposed to have left Nov. 1st Where was the other team to leave from and how was it away from Point Barrow?

Here's another MERRY CHRISTMAS AND HAPPY NEW YEAR from HOME.

God bless you all,
Your devoted, Father.

Feb 1, 1937.
TAIKU, KOREA.

My own dear Big girl,

Many happy returns to the Day! What a day that was 32 years ago. Our home then became our fair for sure and now in a few days(19th) will be celebrating your little brother's first birthday. He comes and stands up by my swivel chair and looks up so cute with his lovely curly [hair] and bright blue eyes and red cheeks. Oh how I wish you could see him! Your grand letter came the other day and weren't we glad to get it? We passed the typewritten one around the station and everyone was so glad to get it. Of course there are lots of questions still unanswered but we are gradually putting 2 + 2 together and forming some kind of a picture of barrow. We are proud of our two Taiku, missionaries to the north and Susie to Africa. The snaps are fine! Let us have more when you have them taken, like Fred starting out an itinerating trip, etc. It's snowing out hard right now but we've really had very little cold weather this winter. Mr. Jim Morris is coming down tonight to take some pictures of the "Yak-Yung," understand? Medicine market. I wish I could take Fred around it. He's also showing some pictures over at Lyon's tonight.

What kind I don't know. We had word from Harriette that she was well and are hoping for some news of her plans. Lots of love to you both.

Devotedly your father xoxo.

I sent $10 for your birthday sometime ago hope you receive it o.k.

Feb 7, 1937.
TAIKU, KOREA.

My dear Nan & Fred,

Sunday night no word except answer to cable we sent after no word for 3 mos. "Is it sick" which we sent to Rev. Williams. American church got reply "well forgive Harriette," which we received the next day Jan. 20. We hope for a reply looked by my cable, this week. Do you suppose she's in love? Did it affect you that way? We will have to wait and see. Harry boy is a darling. His hair is real curly - not [illegible] - and he's so lively and darling always doing some new thing - almost walking now. You should see him gulp down his Cod-liver oil, mornings and nights, with spinach, squash, applesauce, chook, prunes, graham cracker, custard pudding etc. quite a mix OK. What would you do I wonder? You've heard Livingstone [illegible] twin boys I suppose - not that I hope - take them singly. I wonder if whale oil would do as a substitute. It makes them blubber. Clair just read me about a thin summer blanket; bring all that was needed for the coldest weather - electrified at cost of .04 per night. Better try it only be sure of your wiring so as not to get on fire- though we have an electric pad here. Norman wrote me he had cashed the N. Pacific Bond I sent Ed. Acott with some uninvested money of his and would turn the bond over to him. He also went over the securities in the safety deposit box in Easton, Northampton Bank found and as per enclosed account.

Where do you have an account? Has anyone your power of attorney? Kim Si (with 7 now) and Pai Si are expecting storks.

Love and lots [illegible] - father

Mar 16, 1937.
Calcada do Marques de Abrantes 62-3
Lisboa, Portugal.

Dear Friends,

Time goes so fast that it keeps us running around the room trying to keep our five calendars up to date; we tear off a week of dates here, turn over a month there and clock up a few belated days somewhere else. On our last trip around we discovered that it was already time for another letter to our friends.

We enjoyed hearing from so many of you especially at Christmas time. has only to live in a foreign country to learn to really appreciate receiving letters from home; and yet your letters are not just home letters - to us they mean something a little more special: an assurance of love and sympathy and a deep challenge to become capable fishers of men. And to what better country could we have been sent to learn the secrets of successful fishing!

Several days ago we took a walk down a long stretch of beach nearby; soon in the distance we saw what appeared to be a forsaken picnic ground of the giants for there were huge melon rinds strewn on the sand. On coming closer we discovered them to be large fishing boats drawn up on the beach on runways of jellyfish. On the prow of each of them were painted one or more human eyes in order to frighten away the evil spirits. Later we learned that these boats were essentially sardine boats. Many other kinds of fish are brought into the harbor in boats which have been out to sea for many days. What an experience it is to watch these boats being unloaded! Great husky men in high rubber boots climb into the hull of the boats and toss out basket after basket of fish buried in ice. The baskets are then thrown up to the dock to other men in all-enveloping rubber aprons who grab the baskets as fast as they come, swish them through troughs of water to wash out the ice, and then fling them on to a third group of men who sort out the fish according to size and quality. All of this is usually done at night time by the light of huge gas lanterns which lead an eerie yet important atmosphere. Behind the group of sweating, shouting men - back in the dark against the buildings, sit the wives who have waited for days for their husbands to return from sea. But they also play their part in the program of fishing. Their job as well as that of hundreds of other women comes in the morning when they have to go to the docks, pack the fish and salt it or else buy their own basket full, wash and clean their fish and then spend the day walking the streets, carrying their baskets on their heads and calling out their wares in voices made harsh and strong through many years of practice. It is at this time that the men relax in the warm sun, sleep in the peace and safety of the harbor, or quietly prepare their broken nets in anticipation of the next great haul.

   Preparation and anticipation! Those words belong to us too. They fill our days and our thoughts for the time is coming very soon when we will have to prove the extent of our preparation, and then comes the joy of actually setting sail for Africa. We ask your prayers in regard to the examinations which we will have to take in the month of July. These examinations will last for two days and will be taken entirely in the Portuguese language before the examiners of the Portuguese government schools.

Speaking of the Portuguese government reminds us of the time a few weeks ago when after having been thoroughly photographed, fingerprinted and otherwise identified we were told to go to a certain office building which was new to us, to receive our Identity Cards. Arriving at the building we asked two different soldiers the way to the Identity Office, and after having received directions, we found our way to a damp smoky little room. A line of people were waiting in front of the window so we naturally joined it. However, upon observation, we noticed that the line was made up of only men and questionable looking ones at that: we began to feel uneasy under their stares. Finally we started to question them but received no help. Our uneasiness mounted with our questions until at last an intelligent gentleman appeared who in perfect English asked us what was the trouble. We told him our story and he then told us with a twinkle in his eye that we had indeed been directed to the identification office -the office for the identification of criminals! Then he graciously led us to the Identity Office of the Upright Citizens!

Our remaining days in this country will be filled with studying, broken, we hope, by some visits to various beauty spots outside of Lisbon. In August we plan to leave for England and Germany, sailing from Hamburg for Portuguese East Africa via the Mediterranean. We anticipate a wonderful trip and a yet more wonderful destination and work.

We pray that God's richest blessing may fall upon you in your work in the homeland,

Sincerely, Rev. and Mrs. Victor W. Macy

May 16, 1937.
In the Country.

Dear Fred & Nan,

Sunday 6 p.m. I am just closing up 5 days of tent preaching here in this village of 150 houses. There is one Christian family here. He is the deacon in a church 3 miles away. I helped him to study for 2 mos. at our men's B.I. this spring and he was one of the best students in a class of about 20. I have been helped by 2 helpers, one preached every night so far and very acceptably, also my Bible woman Mrs. Kim & today the "piper" on trumpeter a Youngman who plays the horn nicely came and helped also others from 2 neighboring churches. Several evenings six or more young women and their husbands & brothers have come & sung special pieces for us. The tent was too big for the yard so we stretched half of it over the thatched roof. We've had 2-300 every night. I've given a talk to the kids followed by my Bible woman who has explained some slides on the life of Christ, which I threw on a screen with the stereopticon lighted by acetylene lamp. One or two police in plain clothes have attended every session, & one says he's going to quit & become a Christian. He's attended several Bible Classes, Communion services, etc.

While I write there is a big noise going with beating of gongs etc. celebrating the "heading" up of the barley, which is a splendid crop this year. I am staying in an 8*8 room & writing in my old folding camp table, while Kim's getting my supper outside. Tomorrow I expect to get up at 5:30 & ride a bike 10 miles to KimChun & catch the 7:30 a.m. train for home [illegible] 8:45 where I'll find our darling boy + his mother + [illegible] + breakfast waiting for. I go out again after 2 days at home for another short tent meeting of 4 days after which the Presbytery has agreed to set aside this group as a separate church. They already have a prayer meeting house, as they are 5 miles from the parent church. Here's Kim with 2 poached eggs on a toast, a bowl of rice+ green pod peas + a cup of Cocoa. So I must improve the grab. Kim sends his regards.

7:30 p.m. my last meal here is over. I expect & I'll be glad to get home for a few days "though" I've been very comfortable as country [illegible] found "about to bite" things + few flies. I've swatted all I saw. I watched the woman grinding some grain in a stone hand mill. At the [illegible]' house, it looked like lovely rich cream. It was beans + barley for "chooke." Kim says the drums are for celebrating the completion of the rice beds. So the work-hands are dancing + drumming+ drinking. An old woman just passed my open door & I heard her say "I'd like to be a Christian if it were not for smoking that I'd have to give up." We don't tell them that but everyone so understand & I never see one smoking.

Now I must get ready for evening closing service. The deacon will lead service here every Sunday after this & 2 nearby churches will help out by sending someone to help him.

Love, Dad, xoxo.

How about that hospital fire? Med-journal talks of?

Dec 19, 1937.
Taiku, Korea.

Dear Harriette and Nan,

Sunday afternoon your father has gone to preach in the West Church and Harry is asleep. It is fourteen years ago today since I arrived in Taiku. Dorothy Hoyt was just two days old.

Your father has a breathing spell now for about ten days as the men's class and Presbytery have just closed. He has some of Mr. Lyons territory too now so while the meetings were on he was having conference all the time in addition. and also guests for meals every day.

Christmas eve party is at Helen Hendersons. Vacation is short this year because China kids cannot go home so the kids do not get here until 23rd. We are having Chamnesses for Christmas dinner and a station supper (all except the little kids) on New Years Eve.

Nan, we were so glad to know something we could send you so mailed the writing paper the other day. It is mostly what Harriette left here. I will send some more later. I put a picture in with the calendar but I think I had already sent you one like that so if I have please send that one to Harriette About the Christmas gifts the spread was last years and the tablecloth was this years. The spread was made in Miss Dorisses school and the tablecloth from the Chinese "wancheelacee man"

Harriette, you asked me to tell you of a representative [illegible] day for Harry. The first thing in morning about 6 a.m. we hear "Papa Papa" and your dad jumps. He never calls "Mama" except when your dad is in country in the morning but always calls me after his nap. Your father dresses him and brings him out to his chair and he has his milk. Then he does his duty while your father shaves etc. Then they have Korean prayers. He always passes the books out and gathers them up and sits in his little chair. After that breakfast he always gets his bib in a drawer in the buffet and puts it back there after he finishes. [illegible] we happen to forget his cod liver oil he reminds us. He is very fond of persimmons. About ten o'clock he goes outdoors (before that we go out to get the mail and he takes the Korean letters and gives them to secretary) We put a hook on the inside of the closet door by the bathroom for him to his outdoor things on and he goes and gets them and puts [illegible] on the radiator to get warm. We put him out in the backyard where he is quite happy for a long time and then, he wants to go and see the chickens and pigeons in Fletcher's backyard. He does that alone and then he comes back from there and wants to go to see the cow. Sometime during the morning he calls or comes to the door saying that he has to go to the bathroom. He seldom has an accident during the daytime. He wears four-year-old union suits. He still gets at night but that is to be expected. At eleven thirty I bring him in. He hangs his things up on his hook and turns the water on for his bath. He can take his own shoes and stockings off and is beginning to try to unbutton his union suit and to put his shoes on. We have steps in the bathroom on which [illegible_several sentences] feeds himself. He likes rice much better than potatoes and that tickles the servants. He is also very fond of your [illegible] liver and of cream cheese. He has a vegetable, potatoes, rice or macaroni and a meat or egg. As soon as we put it down on his tray he says "All gone?" in a question which means "Shall I make it all gone? He makes a dive for the meat fairs after he finishes this he has his milk and dessert, [illegible] I one oil and some dried bread or toast. Then to bed for his nap. He wakes up about three. All day long we have his written theme *the choo choo but after his nap he gets [illegible] about it, especially if we can't go. If we can go that usually satisfies him and he waits patiently. He won't budge until your father gets the keys or shows that he has them. We come back the absolutely first thing on the program is to put the keys back in the box. Then he has a play time and auto [illegible] looking at picture books. He has a book of animals and with parts and he knows them all It is too [illegible] to hear him say "Goose" with a long oo sound. When goes to bed he waves night to Harriet and Nan and we no longer can mix him up by changing your pictures [illegible]. Once in a while he has to look at your pictures and tell where your nose, eyes, curly hair etc are.

 January 2, 1938 Two weeks ago since I started [illegible] Your father is in country today for the installation [illegible] elder. We had a very nice Christmas Your letter came Christmas Day Nan which added much to our happiness. (Nan) quilt for Harry and my dress Harriette came the day were having station party and both were much admired. Thank you so much. I got a beautiful desk made out of Korean desk. We took some pictures or Mr. Chamness did the tree with Harry and the other with the three [illegible]: at the desk. The end of my paper. I will write more [illegible]. May this be a blessed year for you much love

Claire

Jan 28, 1938.

Mrs. P. Y. Klenkoper
Barrow, Alaska, U.S.A

Dearest Nan,

Was so thrilled the other day to get 3 letters from you - one from Father and two from Claire, and with so much life news from of Harry! Was also glad your [dress fit], Claire. I hope it wears all right! Let me know, for if it doesn't I won't get any more like that for a dollar - or maybe it was two. Harry's kimono didn't fit, I know, if he wears 4-yr. old union suits! See, I must try again to find something useful and worthy of him! These pictures are not so good, either, but maybe you'll like the glimpse of your dumb bunny who misses you.

Was surprised to get a letter from Baltimore and have Nan's letters trembled out! I had loaned them to Aunt Julia who loaned them to Elinor for a missionary meeting. Elinor said so little, I can't see her in her letters. Would love to see her really.

I must write you a letter all about school one of these days. Just now it's keeping me too busy to do so. All last week I was making out exams. It was fun, but took a long time. They begin tomorrow, Fri and it will be a rush until the new Term, - though the exams are planned to be easy to correct. I'm rather proud of that!

Love to you all and to the station and the dear children

Harriette

Feb 19, 1938.

My dear Nan,

On Feb 14th I was looking over Mother's baby book and her wedding book. Our dear girl was surely a great and wonderful joy to us. I read over some of your first [illegible] with your baby pictures and some of your first little letters. One to Edward and Ben announcing the arrival of your little sister was so cute. Bless the Lord for you dear. We all think of you as Mrs. Rhodes we are having a hard time over the shrine question. So far we are able to continue our work and are thankful for that Snows still on the mountains but Days are getting longer. Please tell me a little more plainly when the sun sets and gets up. I'm giving talks on Alaska here and there and would like to know more fully. We just had a letter from our little sister. I imagine she has quite a load in cheering up uncle Ed's family Uncle Ned and Emily have the care of her folks which is also quite a burden physically and financially. I have sent them a little help now and then too. Our dear boy is just so dear - and so quick to catch ideas. He just now came to me to get his tiny toy ants out from under the sofa. I said go get your stick and get it out and off he darted and brought it and got it out in no time. Had so much fun that he pushed it back again. He's a great lad. Claire is training him to pick up his toys and put them away before he goes to bed. Your 2 worded letter via Edmonton Can came to the [illegible] 2 Hitlerites. Fred looks fierce ok for to you both and regards to the [illegible] -and

Dr. and Mrs. George.

                                        Devotedly Dad

Feb 28, 1938.
TAIKU, KOREA.

My Dear Fred and Nan,

Spring is just around the corner. Lilac & forsythia buds are swelling and I think the maple. Claire, Harry & I drove over to Ned's and trimmed our [illegible] over there. Brother is trying to ride a tricycle. So far he pushed. But he has a good time & when the other kids come over there's a "yardan" for sure. Fred I hope you don't have to take another such long trip as you took last spring. I really don't know how you kept from freezing but I'm most afraid of your crossing the ice. You talked about using a boat I'm sort of scared of that too. But you'll be careful I'm sure. Nan we had a letter from Vivian Beers yesterday. It wasn't to us but was sent to us to read knowing we would be glad to hear from her.

She is in Paris with Herbert, her son who is in the American Embassy there.

Probably was there when Harriette was there. Vivian, her daughter, had been with her but had gone to Buenos Aires, S.A. to meet her husband there. She said to address C/O H.J. Beers, Amer. Embassy, no. 2, am gabriel, Paris. A line would be worth [illegible] & appreciated I'm sure. Lots of love.

Your devoted father, xoxo.

[Mon.]

6:24-26

Mar 10, 1938.

Dear Nan,

We had a nice letter from you and received the snaps of the hospital fire. The combination in the foreign community people you meet up there must be quite different from the community life in Taiku where all are the same in [illegible] and relationships are agreeable. Apparently the Russian flyers have never been found-2 of them on 2 ships with 4 men?- But I read that the scientists camping on the ice were [illegible] rescued by the K. ice breaker. I'm writing in Dr. [illegible] office waiting for my turn to have the annual physical exams. Which [Dr. Austin] is giving the station in Dr. [illegible] absence. [illegible_3] Harry asked me to fix the wheels of one of his fleet of auto's that had come off and the above is the result. He was just sending his love to big sister. He says "Thank you Nan" for the lovely down-quilt. I've had Dr. & Mrs. Austin over at noon & showed it to them. Are there any trees at all in sight? Are the [illegible] yellow or red? There is a girl who has seemingly lighter hair than those seated. She is standing dressed in white in the foreground of the Christmas church picture.

Do tell Fred be careful when [illegible]. We recognize all the animals though the light brown colored one was the whale, [illegible] with unpronounceable name is what kind of a creature, a kind of whale? Is it his skin that's used as a tossing blanket? Last night about 8 PM the siren blew and soon 2 young men called to us to put out our lights at the next siren call. Just practice I guess to keep the spirit we've had 3 copies of Reader's Digest & some others shipped from the waits at [illegible]. They notified us ten saved the same. What a terrible time they are having over there. Dr. Kepler took a long trip & wrote of it. It is indescribable. What next who knows? Lots of love.

Devotedly your father.

P.S. Pomeroy is attending temple [illegible] again for some course on courses. Everyone shall talk about that interesting article you wrote. Letter send another someday.

Apr 4, 1938.
PYENGYANG, KOREA.

Dear Mr. Bruen,

Under other cover I am inclosing and mailing to you a few copies of my Bible Correspondence Course, one for you, and also two which you will please kindly hand to such who may be inclined to push a bit more enthusiastically if they may see the Course in English.

I have just sent a letter and a few copies to your daughter and Son-in-law at Point Barrow, Alaska. You remember I spoke to you about doing that when we were at Sorai. If they can use the English among their people it would seem they might be glad to use the Course there and that it would be as practical there as it is here.

If you should be writing them soon, it might be well if you would make mention about what the Course is doing for your people in your territory. If they do not have facilities for cheap printing, I can mail them copies by the hundred in bulk at five cents a copy and they would [illegible] this system very easy to operate. A good way to start people to become Bible lovers and readers.

We trust your country work is being greatly blest and that the Korean Christians are giving themselves much to prayer at this time. Our beloved Korean church is being sorely tested these days. Will it stand the test? We believe that it will, are assured they will if they know the Lord. But it may be necessary that the Lord do some sifting in order that the truth may be brought out so as to shine the brighter. I think what we need now more than anything else is a heaven-sent revival that will stir the whole Korea.

The churches in [illegible] are, giving themselves much to prayer, I wish we might have a concerted hour fixed for the whole Korea to pray. A fixed hour every day for prayer. What glory that would bring to God! He would hear and answer, and we should very soon see a glorious revival which is so much needed.

Mrs. Swallen joins me in best wishes and prayers for you and yours.

Very Sincerely
W. L. Swallen

May 5, 1938.
Home.

Dear Nan & Fred,

A lovely quiet Sunday after rather strenuous week. I returned from a week's itinerating around the foot of Kai-ya-san on this side of Hai-in-sa mountain. I walked and climbed passes, about 18 miles a day for a week, got back Friday & planned to go out with Mr. Blair for 3 days over Sunday visiting some of the churches I turned over to him 20 years ago but when I home Friday noon by public bus now larger ones for 20 or 25 in each. When I went out one bus got stuck in attempting to cross a stream. I [illegible] walked to the shore, ate my lunch & then after seeing a full fail to bridge the car I walked 5 miles to [sengju ip-nai]. As my loads & cook were on that bus I had to wait until after 6 PM till it finally came & I [illegible] 10 miles further where I spent Sunday. When I got home I found a call to go & take an auto-driver's trial. The S stunt & road test & some writing. I let my 5 years license run out. I never forgot of the date so after driving for 15-20 years I had to start all over. I should have applied for renewal 6 months before it ran out then it would have been easy. So yesterday was spent stunting. They say I passed 12 out of 35 who tried. I will know more tomorrow. The rice trees have been glorious. The roses are out. The strawberries are great big fellows. We are just enjoying them. So I had to give up going with [illegible], [illegible] had a quiet Sunday unexpectedly at home. I went down to the hospital this am & spent an hour talking to patients. The Koreans have done very well, the hospital has been full much of the time. Harry boy is such a darling and joy. He talks a streak, and a good deal of it his another can understand. He loves to run errands & understands such a lot. We walked over to the Chamne's house this am for kids S.S. He held the collection plate while the kids filed up & deposited their money & then led the bunch as they marched around the rooms. I do wish you could see him. It doesn't seem that he could [illegible] be so cute. He says good night mama, papa, & [illegible]. He puts away his toys every night after supper then his mother reads to him as he looks over his picture books- Little escapes [illegible]- if there is a shadow of a car lurking in any corner of a picture it will be seen by his bright eyes. He has learned that his mother means what she says. She is very tactful and when she says he can have a cookie or a banana when he finishes his dinner-eats it all up-he goes to it & knows there is no other way to get the banana or cookie.

We haven't heard from Harriette for 2 months - or so - and I am getting anxious about her. Did I send you [illegible] letter [illegible] mention of the enclosed and referring to a certain "Bill"?

I suspect that accounts for no letters lately. Let's be remembering our little sister in a special way as she's seeking to make her way and find her match.

I hope Fred had good luck with his seal nets. I'd like to hear more about it. How is it anchored? Do the natives never steal nets or seals that have been caught? I enclose some more "할미곳"

seed. It will fit with the other white surroundings. I'd still like to know your [illegible] schedule for the year-when it goes to bed & when it gets up. [illegible]. Lots of love, my dear brave girl and boy.

           Devotedly yours' Dad xoxo

Oct 21, 1938.
Taiku, Korea.

My dear Nan and Fred,

Your letters giving us the information you have regarding Harriette and Bill have been much appreciated. Things have moved so fast of late that I feel anxious as to the outcome. I have always hoped that she might someday find the right man and have a home of her own. But a few months ago she wrote that she was not in love and would not marry Bill. Then came a letter saying that she was engaged but wanted me to marry then when I came home, then [illegible] a few days ago came a letter asking my approval for her immediate marriage and a request for a reply by cable. After prayer and thought I cabled Norman "Advise Harriette can not approve immediate marriage" I sent it to Norman as his address is clear and short and since he has been looking after her business interests. She had said that Bill was writing me still I have never had a word from him to date. I urged her to go slow and take time to prepare herself for running a home as all her life has been that of a student with practically no responsibilities for financing or running a home. He seems to be contemplating a new line of business and will need time to get started and have an assured income. I wrote quite fully to her and can not write so fully to you. I have decided to save time by writing duplicate letters to each, Norman and Ed. and [illegible] both of you having a real interest and desire to help in every way possible. In general therefore, my suggestions were along the following lines.

1. Religion
2. Support
3. Health

From what she has told me he has had a very different bringing up and has acquired some very unfortunate complexes regarding the church and the Bible, and is not a church member. All I hear of his character seems to speak well for him especially despite many difficulties he has had to encounter, and character is worth more than church-membership certificate. Still one's attitude on the church and the Bible will inevitably be reflected in the home and a common basis on the fundamentals of our faith is essential to the happiness of a Christian home.

Support. It seems that he has some capital from the sale of a home. This and probably much more will be needed for furnishing his art store as photographic materials are costly. It is new to him and as yet he is without experience in it. and it is questionable how soon he might be able to support a wife and home from his earnings. She has some interest from her investments but she herself has never lived on this amount. If she married she would not be so eligible for a teaching job. Thus neither is prepared to undertake the responsibilities of a home. She needs the time till we come home to prepare for her part, cooking with some scientific knowledge of food values, vitamins, balanced menu etc.

Health. He appears not to be robust resting some during the day. This doubtless may be from his strenuous life when he worked by day and did some night school work after hours. I suggested that they both should have a physical exam lest there might be some incipient T.B. in his case. She spoke of asking Mr. Erdman or Mr. Blair marrying them. I told her that if I were in their position I would be greatly embarrassed by such a request under all the circumstances.

Brother is just saying his prayers and is saying "Bless Nan and Fred etc." He can now recite five verses of scripture. "They left all & followed Him"

"Jesus of Nazareth went about doing good."

"I was glad when they said unto me let us go unto the house of the Lord."

"We love Him because he first loved us."

"He careth for me."

Darling Kiddy, I wish you both could see him.

Now to this letter. I have been careful not to speak disparagingly of Bill but rather praised him for making as good as he has under his circumstances, but it does seem that she may easily have been carried away. I wish she could be separated from him for a while which might test their mutual love out and she could be preparing herself to run a home and feed a man. I don't know when you will get this but of course you will write her in a helpful way.

I hope she will give my letter and my former one to her announcement and Claire's also due weight.

Lots of love,
Your devoted father. XOXO

Mrs. Bunker's funeral took place a few days ago. All summer she played golf every A.M. early and seemed very well. Have you a definite understanding about coming out in spring of "40," don't let it be ("himni - hao"?) indistinct.

Again best love. XO

May 5, 1939.

Home

My dear Nan and Fred,

We were glad to receive your last letter and one from Fred some time ago - a circular. We missed the [P.J.] you said you might stick in but evidently the flier fled early. The lilacs were beautiful this year and now the iris is out 4-5 varieties. Blair's hysteria and O.T.C's have been wonderful. I measured one long spray - 27 inches. You must miss flowers. I gathered a few "…" flower seeds, and may send a few. I did once before but [illegible] they "didn't become." The last word from sister was some months ago. Uncle Ed. wrote saying she'd been down there with "Bill"??? I wonder who he is. There was some fellow who had been in France etc. that she spoke of in some letter - I wonder? I wish she might have your success! Hats off! Our Spring [illegible] is pretty well completed and so far I haven't been bothered with flies, [illegible] or other [illegible]. It's been good [illegible] weather. This [illegible] we are ready to read our personal reports. Claire has offered to copy mine, glad for some bits of information reload etc.

 Claire won't lead a meeting and we have invited Miss Shields to spend 2 weeks with us at Sorai. This will be her last summer in Korea she writes. She came in 1899, when the Johnson's came. Dorothy Adams who went home 2 years ago with [illegible] T.B. symptoms is well & returning this summer. The [Remer's] go home on furlough & [lord] Blair will be principal in his absence. H. E. Blair's are busy packing up now as they leave after a.m. expect to go to Europe & meet Mary & Susie & her hubby in London.

The dragnet is being drawn tighter all the time and unless some storm breaks - what? Certain home magazines have been confiscated you will recognize the motion. Truth and fiction don't coagulate. I'm glad to know about the book you spoke of as being the latter. I saw one by young on his adventures I'd like to read. It's prayer meeting night and we must go over to [Chamness'], [illegible] is station meeting.

Lots of love, Dad.

P.S. Sue Adams had a colored photo of brother down at the Baby clinic - 400 have been enrolled since 8 years ago when it was started. Yesterday they had 20 graduates. exercises on roof of hospital under [illegible].

Christmas night.
TAIKU, KOREA.

My dear Nan & Fred,

Claire and I are sitting comfortably by the open fireplace on her big comfortable [illegible] talking over the day and our dear ones. Especially we have been wondering how you spent the day. I suppose you got together some place but what would it be like without any children, except the [illegible]. Gerda was talking of a woman who said she always put the furry side of a rug next to her as it was warmer (as you do?) her friend replied how foolish the animals were. Well we've had a lovely day except no mail from the girls. Of course you are excusable but our little sister I presume hasn't reached her 27th page, so we'll have to wait for her to lay down her pen. She's not been writing much I wonder if she's getting interested in anyone that's occupying her waking hours.

One little stocking was hung from the [illegible Brother] peeped at 6 AM. The tree was placed between the front door and your piano. Baty and I played the Hallelujah chorus and the Birthday of a King and It came upon a midnight clear to time upon. The girls' school has a concert on Christmas Eve in the [illegible] church & sang the same Hal. Chorus, The other night & Creditably. After breakfast we had the Korean servants' kids in, read from L. 2:14-18 and they sang "The Little Lord Jesus." We had prayer & gave them a bag each of fruit & nuts. Then we had to get ready for dinner for 12, Lyons, Blairs, Alphaites, 3. Clair had the little looking very swell and it went off nicely. So after lunch we went for a ride out the K.J. road, which had been macadamized. 2 car loads with Claire & kiddo. We loved it but soon went to sleep. So we didn't get at the presents under the tree till after 5 P.M. last night Tomy Cook was Santa at Polly's. We danced around & felt kind spirit in. We didn't take Harry & Claire just ran over before supper - station suppers at Polly's. Emily sent some 10 store things that were fine and useful & Claire's folks sent some lovely clothes for the baby.

We hope for mail every day. Of course [illegible] you such mail via the [illegible] dog-train?

Goodnight & God bless you both-Fred's another. Send us some nice things for the baby.

Devotedly your
XOXO Dad.

Dec, 26.

Dear Harry,

We still are stunned at the speedy and notable response to our great need. A Christmas morning a lovely telegram from Nan and Fred.

The Board arrived. In the [illegible] it is worth $810.25 and we sure need it but it can't be used because it is registered in your name and can't be sold or pledged for a loan written in your signature or power of attorney. Perhaps the Bank or the shipman has such power in which case you would have to instruct them to make the bond over to me or to bearer - the latter would be better. Or if they haven't such power, you would have to send me one giving me specific power to sell or otherwise dispose of power of attorney would have to be expected & witnessed by American Consul this particular Board. This of course will delay matters for a long time. Don't know what we will do in the meantime. I know that this week we will have to remove [illegible] from doctors care for I can't no longer pay it. If you do this, we can resume care. If I could only collect from doctors, hospitals and nurses and drug stores [illegible] I have paid then, I could retire and live comfortably on the income. I sure have stood a long severe beating but I guess they've finally got me for there's little fight left in me. Both Anna & [illegible] cause me great worry. However the skies shine injector and left looks lovelier because of your generosity. As usual, Christmas Day [illegible] mother's portrait garlanded in holly flanked by two decorated candles - she seemed & know all about it and to approve it and to indicate she was backing us and [hoping].

Much love to you all and blessing.
Ed

Dear Friends in Korea,

Some of you I have seen recently and with whom I have had delightful visits, but many more I have not seen for some time. To all of you I would send hearty Christmas Greetings. We had a wonderful family reunion this summer although all were not able to be present. We are still having the joy of nearness to Ed and Sue and their family. There are so many wonderful blessings in this! life. In all the service that each one of you is daily offering to the Lord, (unknown to anyone but Him, many times) you are finding the real joy that the Lord Jesus brought to earth, I am rejoicing with you in all your privileges of proclaiming the Lord's coming to earth among the Korean people.

While the problems multiply, so also does His grace.

"The grace, the light, the glory, the joy that e'er endures."

May all these heavenly blessings on Christmas day be yours.

Lovingly.

Caroline B. Adams

브루엔 연보(1874~1959)[1]

1874.	10.	26.	미국 뉴저지 서밋에서 장로교 목사인 James D. Bruen과 Margart White Munro Bruen의 차남으로 출생
1886.			브루엔의 어머니 사망. 성경학자인 할머니 Anna Miller Bruen의 슬하에서 성장
1892.			장로교 계열의 학교 Blair Hall 졸업
1893.			Lafayette College(Easton, PA) 2학년 때 무디 목사가 메사추세츠에서 주최한 Northfield Student Conference에 참석한 후 선교사가 되기로 결심
1896.	5.		Princeton University 졸업
1899.	4.	11.	할머니 사망
	5.		뉴욕 Union Theological Seminary 졸업
			목사 안수, 북장로교 한국 선교사로 파송
	9.		Dr. Sharrocks, Mrs. Sharrocks와 함께 부산 도착
	9.	29.	제물포를 거쳐 서울 도착
	10.	26.	대구 도착. 한국어 공부 시작
1900.	3.		대구 선교기지(Mission Station) 착공이 감사의 반대로 중지
			소년주일학교 담당
			오후에 야구 강습
	6.		10일간 파계사(把溪寺)에서 한국어 공부(어학선생 이내경)
	10.		평양 연례회의 참석
1901.	1.		첫 남자 사경회(14명 참석)
	9.		서울 연례회의 참석. 바렛(N. M. Barrett)목사 부임
	10.	26.	첫 한국어 설교(본문: 에베소서 2장 21절, 제목: 교회는 건물 아닌 좋은 신자들)
	12.		사택 완공
	12.	24.	약혼녀 마사 스콧(Martha Dupuis Scott)과 결혼을 위해 미국으로 출발

---

[1] 브루엔 여사의 유고집 *40 Years In Korea*에 포함된 옥성득의 자료를 보완하여 작성하였다.

1902.	1.	호놀룰루-샌프란시스코-로스앤젤레스-남태평양 철도를 거쳐 뉴저지 벨비데르 도착
	2. 14.	마사 스콧과 결혼 후 신혼여행. 뉴욕-런던-파리-로마-수에즈-인도-싱가포르-홍콩-나가사키
	5. 10.	부산-낙동강-대구
		주일 오후 성인성경공부 초급반 및 소년주일학교 상급반 담당
		지역별 선교 담당자 임명. 경상북도 동부-아담스, 북부-바렛, 서부-브루엔
	7.	1명에게 세례, 3명에게 학습
	11.	밀양에서 사이드보텀(Sidebotham)과 함께 사경회
1903.	1.	청도 순회전도
		한재교회에서 경북지방 첫 여성세례 실시(세례명 明星)
		대구 남자사경회(40명, 누가복음과 고린도전서 공부)
	3.	안동지역 전도 중 장티푸스에 걸려 7주간 요양
	6.	여성 4명, 소년 3명(이갑성 포함), 유아 3명(명성의 아들 포함-첫 유아세례) 수세(授洗)
	11.	여자사경회(30명)
		대구제일교회 주일 오전예배 평균 90명 참석, 설교는 한국인 조사(助事) 김재수와 브루엔이 교대로 함.
1904.	3.	10일간 겨울사경회(200명)
	4.	경주 반천주교 야소교회 사건
1905.	2. 1.	첫째 딸 안나 밀러(Anna Miller) 출생
	4.	부산의 호주 선교사들(Adamson, Engle)과 미국 선교사(Sidebotham)와 연합조사사경회(Joint Helper's Class)
	6.	지난 9개월간 학습인 400명, 수세자 20명
1906.	1.	선산읍내교회 사경회(110명), 성주읍내교회 사경회(65명)
	5. 1.	계성학교 27명으로 개교
	11.	여자사경회(183명중 119명은 시골에서)
	12.	조사(助事) 김재수 장로 선출
1907.	6. 22.	안식년 위해 도미
1908.		한국 귀환
	8. 24.	대구제일교회 태풍으로 파괴

	12.		영수(領袖)사경회(300명)
1909.	11.		*The Korea Mission Field*에 "God Working Among the Literati of Andong" 발표
1910.	2.		남자사경회(1,000명)-백만명 구령운동
			제직사경회(1주일, 500명)
	3.		여자사경회(560명)
	6.		전도부인 교사강습회(3주간)
	9.		안동 선교기지(Mission Station) 독립
	10.	2.	둘째 딸 헤리엇 스콧(Harriett Scott) 출생
			대구제일교회는 브루엔, 계성학교는 아담스가 담당
1911.	1.		전도부인사경회
	4.		여자사경회(520명)
	6.		대구성서학원 개교
	6.	13.	제1회 계성학교 졸업식(12명)
	10.		105인 사건
1912.	5.	20.	서문교회 창립
	5.	31.	신명여학교 첫 졸업식(이금례, 박윤희, 임성례)
	11.	3.	선교기지 토지 등기 권리 획득
	12.	27.	첫 경북노회(노회장 박영조)
1913.			성미제도 시행
	1.		평양 남자사경회(2주) 인도, 대구사경회 인도
1914.	1.		계성학교 교사 라이너(Reiner)의 건축 감독으로 과학관, 신명여학교, 성경학원, 성경학원 기숙사, 병원 완공
			계성학교 전도회 조직 - 울릉도에 선교사 1명을 3개월간 파송
1914.	12.	30.	남산교회 창립
1915.	2.	25.	한국인 동사목사 박영조 부임
			YMCA 건물 개원
	10.	14.	브루엔 여사 부친 건강 문제로 두 딸과 함께 미국 방문
1916.	1.		강계사경회(2주) 인도
			평양-신의주-초산-강계-함흥-원산-서울-대구 6주간 여행
	10.		안식년으로 도미

1917.		안식년 중 미국 뉴저지 벤트놀성공회교회 임시 담임
	9.	한국 귀환
		이만집 목사 안수식
1918.	봄.	성경학원 강의(1개월)
	4.	세브란스병원 이사회 참석
		제일교회 분규사태로 장로 4명 사직
1919.	2.	남자사경회(325명)
	3. 1.	계성학교 졸업반 학생들 교실에서 밤새 인쇄한 독립선언문 배포
	3. 8.	조사(助事) 3명 투옥, 1명 피신, 전도사 1명 및 다수의 영수(領袖) 투옥
	4. 15.	대구법원 3·1 운동 관련자 77명 재판
		일제의 요시찰 대상에 오름(Mowry, Blair, McCune과 함께)
	11. 1.	매주 월요일 감옥 예배 인도(40명)
1920.	1.	노회에서 박영조 목사 남산교회로 청빙
		수감 중의 조사(助事)들 방문, 9명의 3·1운동 관련 여성 수감자 매주 방문
	6.	교회의 남녀 구분용 칸막이 제거
		첫째 딸 낸을 미국 학교로 보냄
	9.	신명여학교 개학(90명) - 첫 학생회 조직
	12.	경북지역 기독교인 비율 0.8%
1921.	1.	3·1운동 관련 수감자 계속 방문
1922.		계성학교 총독부 인가 문제로 교사 2명과 학생 50명 수업 거부 및 농성
1923.	1.	신명여학교 14명 퇴학
	2. 14.	결혼 20주년
	3.	이만집 목사를 중심으로 제일교회와 남산교회 노회 탈퇴 후 독립교회 운동
		목사 2명, 장로 6명이 제명되고 교회 재산 분쟁 시작
	4. 5.	제일교회와 남산교회 잠정 폐쇄 결정
	4. 21.	김익두 목사 부흥회
	8. 27.	김천교회 방문하여 독립교회운동 참여 교회 조사
	10. 27.	브루엔 여사 등 한국 여자 금주회(WTCU) 조직
	11. 17.	서부교회에서 여자금주회 발족(140명)
	12. 29	필리핀에서 간호사 클라라 헤드버그(Clara Hedberg) 전임(轉任)

1924.	5.	2.	경주 여행
	5.	14.	한국 선교사역 25주년 기념 및 안식년 전별식(남산교회)
	5.	23.	안식년 출발(부산-고베-요코하마-호놀룰루)
	6.	17.	샌프란시스코 도착

첫째 딸 낸이 부모와 함께 살기 위해 Mount Holyoke College에서 New Jersey College for Women으로 전학

1925.	7.		뉴욕 시라큐스 East Genesee 교회로부터 포드 자동차(Felix)를 기증 받음
	8.		귀국
	9.		둘째 딸 헤리엇 평양 외국인 학교 입학

대구여자성경학교 개교

	10.	12.	클라라 헤드버그(Hedberg)가 간호부 양성소 설립(의사 김덕수, 손인식과 함께)
	11.	22.	이태영 목사(부인 김성애) 산동 선교사로 파송
	11.	23.	금주주일, 주일학교 연합 시가행진
1926.	4.		주일학교협회용 로마서 교재 완성
	6.		여자성경학교 정규과정(10주) 65명 등록
	7.		도쿄 방문, 한국 유학생 집회 인도
	10.	11.	경주 방문
1927.	3.		호주선교사들과 공동 선교대회
	6.		첫째 딸 낸 마운트 홀리요크 대학교 졸업, 한국 선교사로 지원
1928.	6.		둘째 딸 헤리엇 평양 외국인 학교 졸업
	7.		둘째 딸 헤리엇 미국 마운트 홀리요크 대학교 입학을 위해 도미
	8.		지리산 휴가
	9.		총회(대구신정교회)
1929.	11.		남산교회 재건축
1930.	9.		브루엔 여사 암 발견, 세브란스병원에서 수술
	10.	20.	브루엔 여사 사망(1875-1930) 동산선교기지 안장
	11.		지방 순회

선교실행위원회 참석(강계)

1931.	봄.		지방 순회
	8.		안식년 출발

	9.	의붓어머니 사망
		첫째 딸 낸 Teachers' College at Colombia 입학
1932.	6.	아버지 사망(84세)
	여름.	귀국
		대법원 판결로 10년만에 제일교회 건물 노회로 회복
1933.		경북노회 내 교회 500개, 교인 15,000명
	9.	둘째 딸 헤리엇 모교인 평양 외국인 학교 교사로 부임
		총회(선천남교회)
	9. 25.	주일학교 절제행진(5,000명)
1934.	4.	첫 부활절 새벽 연합예배(Miss Bergman 제안)
	5.	클라라 헤드버그 양과 약혼
	9. 4.	결혼, 소래로 신혼여행
		첫째 딸 낸과 프레드 크러레코퍼(Fred klerekoper) 결혼
1935.	봄.	천막 전도집회 시작
		신사참배 문제 발생
		둘째 딸 헤리엇 평양 외국인 학교 사임 후 대구 정착
	11.	둘째 딸 헤리엇 중국 여행
1936.	2. 19.	아들 헨리 주니어 출생
	봄.	건강 악화로 지방순회 취소 후 휴식
		첫째 딸과 사위 알래스카 선교사로 떠남
	여름.	둘째 딸 헤리엇 프랑스 파리 체류 후 미국으로 떠남
	9.	총회(광주양림교회)
	11.	경동노회설립
1937.	9.	총회(대구제일교회), 남산교회 이문주 목사 총회장 피선
1938.	1.	남자 성경학교 강사(2개월, 90명)
		둘째 딸 헤리엇이 필라델피아에서 윌리엄 데이비스(William Davis)와 결혼
1939.	3. 31.	계성학교 한국인만으로 이사회 조직
	5. 21.	대구남산교회 창립 25주년을 기념하여 브루엔에게 감사패 전달
	6. 27.	브루엔 내한 40주년 기념식(제일교회)
	7.	안식년 출발

1940.	3.	첫 외손자 James J. Davis 출생(헤리엇의 아들)
	9. 10.	귀국
	11. 4.	평양 외국인 학교 폐쇄
		대구성경학교 폐쇄
1941.	2. 19.	아들 헨리 주니어 다섯 번째 생일
	2. 28.	세계 여성 기도회(남산교회)
	5. 1.	매일 오후 4시 기도회 시작
	6. 17.	대구를 떠나 소래 도착, 경찰 감시 속에 생활
	7. 26.	한국 내 미국인 재산 압류
	8. 14.	소래 떠남
	9. 14.	한국에서 마지막 설교(제목: 하나님의 크신 선하심)
	9. 20.	제물포를 떠나 상하이로(42년간의 한국 사역 마감)
	10. 30.	상하이를 떠나
	11. 2.	마닐라 도착
	12. 25.	샌프란시스코 도착
1942.		버클리에서 전쟁 정보국 한국어 라디오 방송 도와줌
		산타크루즈(Santa Cruz)로 이사하여 17년간 지냄, 현지 한국교회 방문 지속
1944.		한국 선교사 은퇴(45년간 사역)
1959.	3. 26.	84세로 소천

이규황

장로회신학대학교에서 교역학석사(M.div)와 역사신학석사(Th.M)를 마치고, 연세대학교 연합신학대학원 교회사 박사과정 중에 있다. 동시에 예장(통합) 소속 목사로 산성교회(서울 은평구 소재)에서 다음 세대를 지도하고 있다.

내한선교사편지번역총서 18

헨리 M. 브루엔 선교 편지

2025년 4월 10일 초판 1쇄 펴냄

지은이 헨리 M. 브루엔
옮긴이 이규황
펴낸이 김흥국
펴낸곳 도서출판 보고사

책임편집 이순민
표지디자인 김규범

등록 1990년 12월 13일 제6-0429호
주소 경기도 파주시 회동길 337-15
전화 031-955-9797(대표)
팩스 02-922-6990
메일 bogosabooks@naver.com
http://www.bogosabooks.co.kr

ISBN 979-11-6587-799-6
　　　979-11-6587-265-6　94910 (세트)
ⓒ 이규황, 2025

정가 16,000원

⟨이 번역서는 2020년 대한민국 교육부와 한국연구재단의 지원을 받아 수행된 연구임 (NRF-2020S1A5C2A02092965)⟩

사전 동의 없는 무단 전재 및 복제를 금합니다.
잘못 만들어진 책은 바꾸어 드립니다.